새로운 **도서**,
다양한 **자료**
**동양북스
홈페이지**에서
**만나보세요!**

www.dongyangbooks.com
m.dongyangbooks.com

## 홈페이지 도서 자료실에서 학습자료 및 MP3 무료 다운로드

### PC

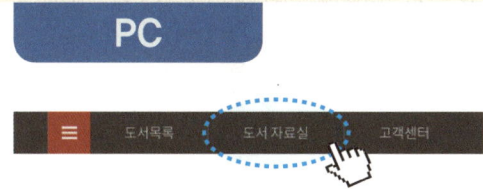

❶ 홈페이지 접속 후 **도서 자료실** 클릭
❷ **하단 검색 창에 검색어 입력**
❸ MP3, 정답과 해설, 부가자료 등 첨부파일 다운로드
  * 원하는 자료가 없는 경우 '요청하기' 클릭!

### MOBILE

* 반드시 '인터넷, Safari, Chrome' App을 이용하여 홈페이지에 접속해주세요. (네이버, 다음 App 이용 시 첨부파일의 확장자명이 변경되어 저장되는 오류가 발생할 수 있습니다.)

❶ 홈페이지 접속 후 ≡ 터치

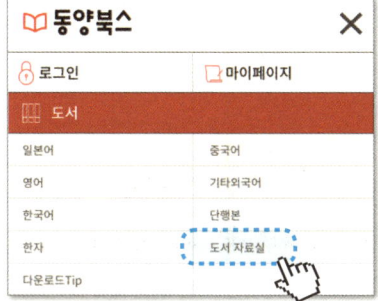

❷ **도서 자료실** 터치

❸ 하단 검색창에 검색어 입력
❹ MP3, 정답과 해설, 부가자료 등 첨부파일 다운로드
  * 압축 해제 방법은 '다운로드 Tip' 참고

# 500만 독자가 선택한

가장 쉬운
독학 일본어 첫걸음
14,000원

가장 쉬운
독학 중국어 첫걸음
14,000원

가장 쉬운
독학 베트남어 첫걸음
15,000원

가장 쉬운
독학 스페인어 첫걸음
15,000원

가장 쉬운
독학 프랑스어 첫걸음
16,500원

가장 쉬운
독학 태국어 첫걸음
16,500원

가장 쉬운
프랑스어 첫걸음의 모든 것
17,000원

가장 쉬운
독일어 첫걸음의 모든 것
18,000원

가장 쉬운
스페인어 첫걸음의 모든 것
14,500원

# 첫걸음 베스트 1위!

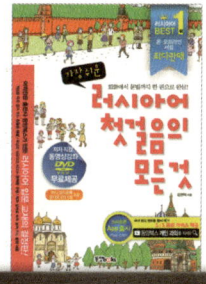   

동양북스
www.dongyangbooks.com
m.dongyangbooks.com

가장 쉬운 러시아어
첫걸음의 모든 것
16,000원

가장 쉬운 이탈리아어
첫걸음의 모든 것
17,500원

가장 쉬운 포르투갈어
첫걸음의 모든 것
18,000원

버전업! 가장 쉬운
베트남어 첫걸음
16,000원

가장 쉬운 터키어
첫걸음의 모든 것
16,500원

버전업! 가장 쉬운
아랍어 첫걸음
18,500원

가장 쉬운 인도네시아어
첫걸음의 모든 것
18,500원

버전업! 가장 쉬운
태국어 첫걸음
16,800원

가장 쉬운 영어
첫걸음의 모든 것
16,500원

버전업! 굿모닝
독학 일본어 첫걸음
14,500원

가장 쉬운 중국어
첫걸음의 모든 것
14,500원

# 오늘부터는 팟캐스트로 공부하자!

## 팟캐스트 무료 음성 강의

### ▶▶1 iOS 사용자
Podcast 앱에서
'동양북스' 검색

### ▶▶2 안드로이드 사용자
플레이스토어에서 '팟빵' 등
팟캐스트 앱 다운로드,
다운받은 앱에서
'동양북스' 검색

### ▶▶3 PC에서
팟빵(www.podbbang.com)에서
'동양북스' 검색
애플 iTunes 프로그램에서
'동양북스' 검색

◎ 현재 서비스 중인 강의 목록 (팟캐스트 강의는 수시로 업데이트 됩니다.)

- 가장 쉬운 독학 일본어 첫걸음
- 페이의 적재적소 중국어
- 가장 쉬운 독학 중국어 첫걸음
- 중국어 한글로 시작해
- 가장 쉬운 독학 베트남어 첫걸음

매일 매일 업데이트 되는 동양북스 SNS! 동양북스의 새로운 소식과 다양한 정보를 만나보세요.

 blog.naver.com/dymg98   instagram.com/dybooks   facebook.com/dybooks  twitter.com/dy_books

일본어뱅크

개념을 잡으면 일본어 실력이 저절로 따라온다!

박재환, 이서은 공저

동양북스

초판 2쇄 | 2020년 4월 15일

지은이 | 박재환, 이서은
발행인 | 김태웅
책임 편집 | 길혜진, 이선민
디자인 | 정혜미, 남은혜
마케팅 | 나재승
제　작 | 현대순

발행처 | (주)동양북스
등　록 | 제 2014-000055호(2014년 2월 7일)
주　소 | 서울시 마포구 동교로22길 14 (04030)
구입 문의 | 전화 (02)337-1737　팩스 (02)334-6624
내용 문의 | 전화 (02)337-1762　dybooks2@gmail.com

ISBN 979-11-5768-352-9　13730

ⓒ 2018 박재환, 이서은

▶ 본 책은 저작권법에 의해 보호를 받는 저작물이므로 무단 전재와 복제를 금합니다.
▶ 잘못된 책은 구입처에서 교환해드립니다.
▶ 도서출판 동양북스에서는 소중한 원고, 새로운 기획을 기다리고 있습니다.
　 http://www.dongyangbooks.com

이 도서의 국립중앙도서관 출판예정도서목록(CIP)은 서지정보유통지원시스템 홈페이지(http://seoji.nl.go.kr)와
국가자료공동목록시스템(http://www.nl.go.kr/kolisnet)에서 이용하실 수 있습니다.
(CIP제어번호:CIP2018003797)

언어는 우리가 매일같이 사용하는 의사소통 수단이다. 이 언어를 구성하고 있는 요소 중 뼈대에 해당하는 것이 바로 문법이다. 문법을 안다는 것은 일본어의 기본적인 구조를 이해한다는 것이기에 가장 필수적인 학습대상이라 할 수 있다. 일본어의 경우 한자음을 비롯해 많은 부분이 한국어와 유사해 학습하기 쉬운 언어로 인식되고 있으나 역시 외국어임에는 틀림없다. 문법도 조사나 어순을 비롯해 유사한 부분도 있으나 기본적으로 다르고 일본의 문화와 일본인의 사고방식을 내포하고 있어 단순히 기능적인 부분만이 아닌 언어행동 문화의 관점에서 바라볼 때 더욱 이해하기 쉬울 것이다.

필자가 강조하는 언어학습의 키워드는 '매일 30분', '반복', '큰소리'이다. 다른 공부도 그렇지만 문법 또한 반복적인 학습을 통해 점차 자신의 것으로 만들 수 있을 것으로 생각한다.

책의 내용은 N3,4급 정도의 초급 문법에 해당하는 내용을 담고 있어 기초학습을 마친 학생들이 레벨 업을 하는데 유용하게 사용할 수 있을 것으로 본다. 이 문법책은 [일본어 문법과 표현]이라는 강의노트에서 출발해 그동안 정리한 것을 책으로 엮은 것이다. 도중에 외국에 체류하거나 다른 바쁜 일로 인해 미루어져 온 것이 공저자인 이현숙 선생님의 도움으로 완성하게 되었다. 원고 정리과정에서 경기대학교 강사이신 현선령 선생님의 도움이 있었다. 지면을 통해 감사의 마음을 전하고자 한다.

저자 일동

# 구성과 특징

### 들어가기

본격적인 학습에 들어가기 전에 각 UNIT에서 가장 중심이 되는 내용을 미리 살펴봅니다.

### 본문

가장 기본이 되는 명사부터 형용사, 동사, 조사, 경어 표현까지 일본어 문법의 전반적인 내용을 자세하게 다루었습니다. 또한 기본적인 문법 활용은 물론 헷갈릴 수 있는 용법 등을 알기 쉬운 예문과 함께 싣고 있어, 보다 깊이 있는 문법 학습이 가능합니다.

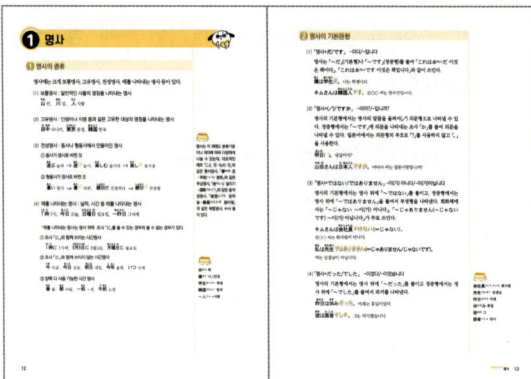

### 팁 ❶

기본적인 표현과 더불어 반드시 알아야 하는 세부적인 용법을 정리하여 일본어의 다양한 쓰임을 이해할 수 있습니다.

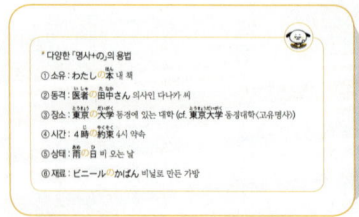
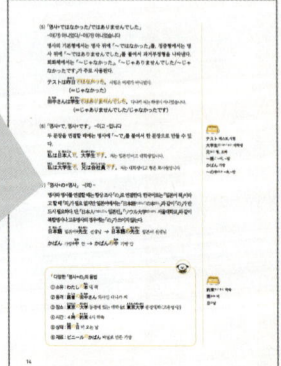

## 팁 ❷

일본어를 사용하는 데 있어 잘못 쓸 수 있는 표현들을 따로 정리하여 바른 일본어 표현과 자연스러운 회화 표현을 익힐 수 있습니다.

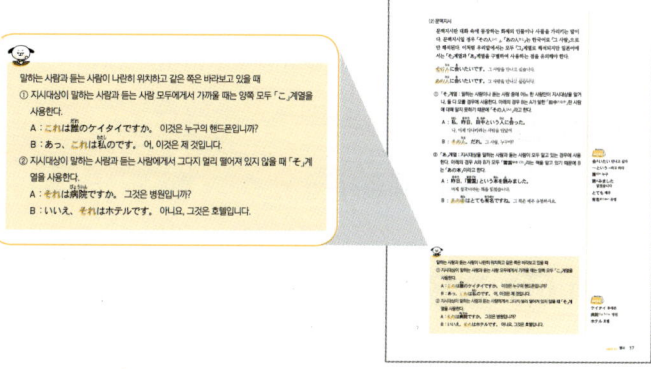

## 문법 돋보기

헷갈릴 수 있는 표현이나, 추가적인 용법 활용을 비교하고, 부연 설명을 덧붙여 학습한 표현에 대해 확실히 정리할 수 있습니다.

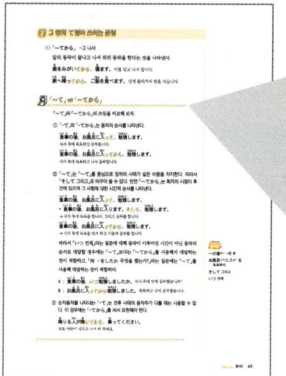
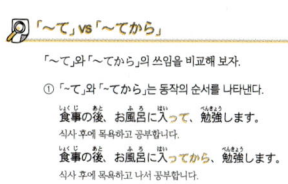

## 연습문제

한 UNIT을 마무리하는 연습문제입니다. 다양한 유형의 문제를 풀어 보면서 성취도를 확인하고, 실력을 쌓을 수 있습니다.

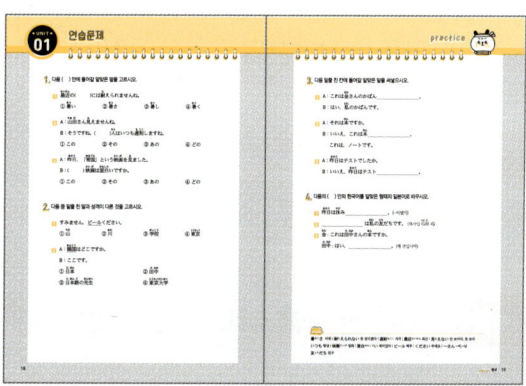

# 목차

머리말 ··················································································· 3
이 책의 구성과 특징 ······························································ 4

**UNIT 01 명사** ······································································ 11
명사 | 대명사

**UNIT 02 형용사** ·································································· 20
い형용사 | な형용사

**UNIT 03 동사 1** ··································································· 31
동사의 종류 | 동사의 활용

**UNIT 04 동사 2** ··································································· 45
동사의 음편 | 「て」형 | 「た」형 | 존재동사

**UNIT 05 자동사·타동사** ······················································ 58
자동사와 타동사의 정의 및 구분
자동사와 타동사의 관계
자동사·타동사 구별하는 방법
자동사·타동사의 표현상 특징

**UNIT 06 조사 1** ··································································· 65
격조사 | 병렬조사 | 접속조사

**UNIT 07 시간관계를 나타내는 표현** ··································· 77
텐스 | 아스펙트

### UNIT 08  수동 ···················· 87
능동문과 수동문 | 수동문의 접속 방법 |
수동문의 종류 | 수동문의 기능

### UNIT 09  사역 ···················· 95
사역문 접속 방법 | 사역문의 종류 | 사역수동 표현 |
사역수수 표현

### UNIT 10  수수 ···················· 104
물건의 수수표현 | 동작의 수수표현

### UNIT 11  조사 2 ·················· 112
강조조사(특립 조사) | 종조사 | 접미어

### UNIT 12  조건 ···················· 121
「~と」|「~ば」|「~たら」|「~なら」

### UNIT 13  화자의 심적 태도에 의한 다양한 표현법  132
의무·권유·허가·금지 | 판단 | 의지·행위요구 |
명령·의뢰·권유 | 설명

### UNIT 14  경어 ···················· 151
존경어 | 겸양어 | 정중어

**부록** 수사와 조수사 ················ 167
연습 문제 정답 ···················· 172

# 학습 구성표

| UNIT | 학습 항목 | 상세 항목 |
|---|---|---|
| 01 | 명사 | **1. 명사** ☐<br>명사의 종류 \| 명사의 기본 문형<br><br>**2. 대명사** ☐<br>인칭대명사 \| 지시대명사 \| 지시대명사의 용법 |
| 02 | 형용사 | **1. い형용사** ☐<br>い형용사의 의미적인 분류 \| い형용사의 문장 및 활용<br>い형용사의 특별한 명사수식형<br><br>**2. な형용사** ☐<br>な형용사 문장 및 활용 \| な형용사의 특별한 명사수식형 |
| 03 | 동사 1 | **1. 동사의 종류** ☐<br><br>**2. 동사의 활용** ☐<br>ます형 \| ない형 \| 명사수식형 \| 가능형 \| 명령형 \| 청유형/의지형 |
| 04 | 동사 2 | **1. 동사의 음편** ☐<br>い음편 \| 촉음편 \| 발음편 \| 음편이 없는 동사<br><br>**2. 「て」형** ☐<br>て형의 기본 용법 \| 그 밖의 て형이 쓰이는 문형<br><br>**3. 「た」형** ☐<br>た형의 기본 용법 \| 그 밖의 た형이 쓰이는 문형<br><br>**4. 존재동사** ☐<br>존재동사의 정중형 \| 존재동사의 부정형 \| 위치를 나타내는 표현 |
| 05 | 자동사·타동사 | **1. 자동사와 타동사의 정의 및 구분** ☐<br>자동사 \| 타동사 \| 자동사로도 타동사로도 사용 가능한 동사<br><br>**2. 자동사와 타동사의 관계** ☐<br><br>**3. 자동사・타동사 구별하는 방법** ☐<br>동일 한자의 동사가 【あ단+る】와【え단+る】로 되어 있는 경우<br>동일 한자의 동사가 【え단+る】와【-る】로 되어 있는 경우<br>동일 한자의 동사가 【-る】와【-す】로 되어 있는 경우<br>동일 한자의 동사가 【う단】과【え단+る】로 되어 있는 경우<br><br>**4. 자동사・타동사의 표현상 특징** ☐ |

| UNIT | 학습 항목 | 상세 항목 |
|---|---|---|
| 06 | 조사 1 | **1. 격조사** ☐<br>が격 \| を격 \| に격 \| で격 \| へ격 \| と격 \| から격 \| より격 \| まで격<br><br>**2. 병렬조사** ☐<br>と \| や \| か \| とか \| の<br><br>**3. 접속조사** ☐<br>～て \| ～ながら \| ～たり \| ～し \| ～あとで<br>～まえに \| ～から \| ～ので \| ～ために \| ～ように<br>～けれど / ～けれども / けど / ～が |
| 07 | 시간관계를<br>나타내는 표현 | **1. 텐스(tense)** ☐<br><br>**2. 아스펙트(aspect)** ☐<br>～ている, ～てある의 용법<br>窓が開いている와 窓が開けてある의 의미 차이<br>그 밖의 ている의 용법 \| 아스펙트적 성질에 따른 동사의 분류 |
| 08 | 수동 | **1. 능동문과 수동문** ☐<br><br>**2. 수동문의 접속 방법** ☐<br><br>**3. 수동문의 종류** ☐<br>직접 수동문 \| 간접 수동문 \| 소유자 수동문<br><br>**4. 수동문의 기능** |
| 09 | 사역 | **1. 사역문 접속 방법** ☐<br><br>**2. 사역문의 종류** ☐<br>자동사 사역문 \| 타동사 사역문 \| 사역문의 여러 가지 의미<br><br>**3. 사역수동 표현** ☐<br>1그룹 동사 \| 2그룹 동사 \| 3그룹 동사<br><br>**4. 사역수수 표현** ☐ |
| 10 | 수수 | **1. 물건의 수수표현** ☐<br>「あげる」주다 \| 「くれる」주다 \| 「もらう」받다<br><br>**2. 동작의 수수표현** ☐<br>～てあげる ~해 주다 \| ～てくれる ~해 주다 \| ～てもらう ~해 받다 |

# 학습 구성표

| UNIT | 학습 항목 | 상세 항목 |
|---|---|---|
| 11 | 조사2 | **1. 강조조사(특립조사)**<br>～も ｜ ～だけ ｜ ～しか ｜ ～ばかり ｜ ～は ｜ ～くらい(ぐらい)<br>～こそ ｜ ～さえ ｜ ～すら ｜ ～だって ｜ ～でも ｜ ～など<br><br>**2. 종조사**<br>～か ｜ ～な ｜ ～ね ｜ ～よ ｜ ～わ ｜ ～ぞ ｜ ～の ｜ ～だい ｜ ～かい<br><br>**3. 접미어**<br>～がた ｜ ～ころ(ごろ) ｜ ～中 ｜ ～たち(だち) |
| 12 | 조건 | **1.「～と」**<br>접속 방법 ｜「～と」의 의미용법 ｜ 용법상 특이점<br><br>**2.「～ば」**<br>접속 방법 ｜ ～ば의 의미용법<br><br>**3.「～たら」**<br>접속 방법 ｜ ～たら의 의미용법<br><br>**4.「～なら」**<br>접속 방법 ｜ ～なら의 의미용법 |
| 13 | 화자의 심적 태도에 의한 다양한 표현법 | **1. 의무·권유·허가·금지**<br><br>**2. 판단**<br><br>**3. 의지·행위요구**<br><br>**4. 명령·의뢰·권유**<br><br>**5. 설명** |
| 14 | 경어 | **1. 존경어**<br>존경동사(특수한 형태) ｜ 동사의 존경표현 ｜ 명사의 존경어<br><br>**2. 겸양어**<br>겸양동사(특수한 형태) ｜ 동사의 겸양표현 ｜ 명사의 겸양어<br><br>**3. 정중어** |

# UNIT 01

# 名詞(名詞)

명사란 사람이나 사물, 개념 등을 나타내는 말로 단어의 형태가 변하지 않는다.

1. 명사
2. 대명사

# 1 명사

## 1 명사의 종류

명사에는 크게 보통명사, 고유명사, 전성명사, 때를 나타내는 명사 등이 있다.

(1) **보통명사** : 일반적인 사물의 명칭을 나타내는 명사
    山 산, 川 강, 人 사람

(2) **고유명사** : 인명이나 지명 등과 같은 고유한 대상의 명칭을 나타내는 명사
    田中 다나카, 東京 동경, 韓国 한국

(3) **전성명사** : 동사나 형용사에서 만들어진 명사
    ① 동사가 명사로 바뀐 것
       遊ぶ 놀다 → 遊び 놀이, 楽しむ 즐기다 → 楽しみ 즐거움
    ② 형용사가 명사로 바뀐 것
       暑い 덥다 → 暑さ 더위, 親切だ 친절하다 → 親切さ 친절함

(4) **때를 나타내는 명사** : 날짜, 시간 등 때를 나타내는 명사
    7時 7시, 今日 오늘, 日曜日 일요일, 一昨日 그저께

* 때를 말하는 명사는 말하는 시점을 기준으로 상대적인 때를 나타내는 말에는 「に」를 쓸 수 없으며 시점과 관계없는 절대적인 때를 나타내는 말에는 「に」를 사용한다.
    ① 조사 「に」와 함께 쓰이는 시간명사
       1時に 1시에, 5月5日に 5월5일에, 月曜日に 월요일에
    ② 조사 「に」와 함께 쓰이지 않는 시간명사
       今 지금, 今日 오늘, 明日 내일, 今年 올해, いつ 언제
    ③ 양쪽 다 사용 가능한 시간 명사
       春 봄, 朝 아침, ～前 ～전, 午前 오전

---

**More!**

명사는 이 외에도 분류기준이나 의미에 따라 다양하게 나눌 수 있는데, 대표적인 예로 「こと 것・もの 것」와 같은 형식명사, 「夢ゆめ 꿈・平和へいわ 평화」와 같은 추상명사, 「走はしり 달리기・運動うんどう」와 같은 동작성명사, 「夜空よぞら 밤하늘・春風はるかぜ 봄바람」과 같은 복합명사 등이 있다.

**WORD**

本ほん 책
僕ぼく 나
学生がくせい 학생
韓国かんこく 한국
～人じん ～사람

## 2 명사의 기본문형

(1) 「명사+だ/です」 ~이다/~입니다

명사는 「~だ」(기본형)나 「~です」(정중형)를 붙여 「これは本ほんだ 이것은 책이다」, 「これは本ほんです 이것은 책입니다」와 같이 쓰인다.

**僕ぼくは学がく生せいだ。** 나는 학생이다.

**キムさんは韓かん国こく人じんです。** 김○○ 씨는 한국인입니다.

(2) 의문형:「명사+(↗)/ですか」 ~이야?/~입니까?

명사의 기본형에서는 명사의 말끝을 올려서(↗) 의문형으로 나타낼 수 있다. 정중형에서는 「~です」에 의문을 나타내는 조사 「か」를 붙여 의문을 나타낼 수 있다. 일본어에서는 의문형의 부호로 「?」를 사용하지 않고 「。」을 사용한다.

**明あした日(↗)。** 내일이야?

**山やま田だ さんは日に本ほん人じんですか。** 야마다 씨는 일본사람입니까?

(3) 부정형:「명사+ではない/ではありません」 ~이(가) 아니다/~이(가)아닙니다

명사의 기본형에서는 명사 뒤에 「~ではない」를 붙이고, 정중형에서는 명사 뒤에 「~ではありません」을 붙여서 부정형을 나타낸다. 회화체에서는 「~じゃない ~이(가) 아니다」, 「~じゃありません(~じゃないです) ~이(가) 아닙니다」가 주로 쓰인다.

**キムさんは会かい社しゃ員いんではない(=じゃない)。**
김○○ 씨는 회사원이 아니다.

**私わたしは先せん生せいではありません(=じゃありません/じゃないです)。**
저는 선생님이 아닙니다.

(4) 과거형:「명사+だった/でした」 ~이었다/~이었습니다

명사의 기본형에서는 명사 뒤에 「~だった」를 붙이고 정중형에서는 명사 뒤에 「~でした」를 붙여서 과거를 나타낸다.

**昨きのう日は休やすみだった。** 어제는 휴일이었다.

**彼かれは医い者しゃでした。** 그는 의사였습니다.

**会社員**かいしゃいん 회사원
**先生**せんせい 선생님
**昨日**きのう 어제
**休み**やすみ 휴일
**彼**かれ 그
**医者**いしゃ 의사

(5) 「명사＋ではなかった／ではありませんでした」
～이(가) 아니었다／～이(가) 아니었습니다

명사의 기본형에서는 명사 뒤에 「～ではなかった」를, 정중형에서는 명사 뒤에 「～ではありませんでした」를 붙여서 과거부정형을 나타낸다. 회화체에서는 「～じゃなかった」, 「～じゃありませんでした／～じゃなかったです」가 주로 사용된다.

テストは昨日ではなかった。 시험은 어제가 아니었다.
　　　　(＝じゃなかった)

田中さんは学生ではありませんでした。 다나카 씨는 학생이 아니었습니다.
　　　　(＝じゃありませんでした／じゃなかったです)

(6) 연결형 : 「명사＋で, 명사＋です」 ～이고 ～입니다

두 문장을 연결할 때에는 명사에 「～で」를 붙여서 한 문장으로 만들 수 있다.

私は日本人で、大学生です。 저는 일본인이고 대학생입니다.
私は大学生で、兄は会社員です。 저는 대학생이고 형은 회사원입니다.

(7) 「명사＋の＋명사」 ～(의) ～

명사와 명사를 연결할 때는 항상 조사 「の」로 연결한다. 한국어로는 「일본어 책」이라고 할 때 「의」가 필요 없지만 일본어에서는 「日本語の本」과 같이 「の」가 반드시 필요하다. 단, 「日本人 일본인」, 「ソウル大学 서울대학교」와 같이 복합명사나 고유명사의 경우에는 「の」가 쓰이지 않는다.

日本語 일본어＋先生 선생님 → 日本語の先生 일본어 선생님
かばん 가방＋中 안 → かばんの中 가방 안

---

＊ 다양한 「명사＋の」의 용법
① 소유 : わたしの本 내 책
② 동격 : 医者の田中さん 의사인 다나카 씨
③ 장소 : 東京の大学 동경에 있는 대학 (cf. 東京大学 동경대학〈고유명사〉)
④ 시간 : 4時の約束 4시 약속
⑤ 상태 : 雨の日 비 오는 날
⑥ 재료 : ビニールのかばん 비닐로 만든 가방

---

**WORD**
テスト 테스트, 시험
大学生だいがくせい 대학생
兄あに 형, 오빠
～語ご ～어, ～말
かばん 가방
～の中なか ～속, ～안

**WORD**
約束やくそく 약속
雨あめ 비
日ひ 날

# 2 대명사

## 1 인칭대명사

(1) 1인칭대명사 : 말하는 사람 자신을 나타낸다.

　　일본어의 인칭대명사는 여성어와 남성어의 구별이 있다. 여성의 경우는 「私わたし」를 사용하지만, 남성의 경우는 나이나 직급 등의 상하관계, 친밀도에 따라 「私わたし」,「ぼく」,「おれ」 등을 사용한다.

　❶ 「わたし」 : 가장 보편적인 1인칭대명사이다. 여성의 경우는 상대방과의 관계와 상관없이 사용하지만, 남성의 경우는 손윗사람이나 격식을 차리는 장면에서 주로 사용한다.

　❷ 「ぼく」 : 남성이 주로 사용한다. 손윗사람이라도 친한 관계이거나 자신의 가족들에게 사용할 수 있다.

　❸ 「おれ」 : 남성어로 또래나 아랫사람에게 사용할 수 있다. 주로 친구나 후배에게 사용한다.

　　＊「わたし」〈「ぼく」〈「おれ」의 순으로 친밀도가 높다.

(2) 2인칭대명사 : 상대방을 가리킬 때 사용하는 대명사이다.

　❶ 「あなた」 : 상대방을 가리키는 말이나 손윗사람에게 사용할 경우는 실례가 된다. 현대어에서는 상대를 지칭할 때 주로 상대방의 이름에 「さん」을 붙여 말한다. 상대의 이름을 모르는 관공서나 아내가 남편을 부르는 경우에 사용된다.

　❷ 「きみ」 : 친구나 손아랫사람을 부를 때 사용한다. 주로 남자가 사용한다.

　❸ 「おまえ」 : 친구나 손아랫사람을 부를 때 사용한다. 주로 남자가 사용한다. 「きみ」보다 허물없이 지내는 사이에만 주로 쓰인다.

　　＊「おまえ」〈「きみ」〈「あなた」의 순으로 정중도가 높다.

(3) 3인칭대명사 : 제3자를 나타내는 대명사이다.

　　「彼かれ 그」,「彼女かのじょ 그녀」 등이 있다. 또한 지시대명사 뒤에 「方かた 분」,「人ひと 사람」 등을 붙여 「この方かた 이 분」,「その人ひと 그 사람」,「あいつ 저녀석」와 같이 3인칭을 나타낼 수 있다.

彼かれ 그
彼女かのじょ 그녀
人ひと 사람
〜方かた 〜분
あいつ 그녀석, 저녀석

## 2 지시대명사

사물이나 장소·방향을 가리킬 때 쓰는 말인 지시대명사에는 「こ·そ·あ·ど」가 있으며 우리말의 「이·그·저·어느」에 해당한다. 자기에게 가까운 쪽은 「こ」계열을, 상대편 쪽에 가까운 경우에는 「そ」계열을, 둘에게서 모두 멀리 있는 경우는 「あ」계열을 사용한다. 「ど」계열은 의문을 나타낼 때 사용한다.

지시하는 대상을 사물, 장소, 방향, 명사수식 등으로 나누어 정리하면 다음의 표와 같다.

| 지시대상 | こ/이 | そ/그 | あ/저 | ど/어느 |
|---|---|---|---|---|
| 사물 | これ/이것 | それ/그것 | あれ/저것 | どれ/어느 것 |
| 장소 | ここ/여기 | そこ/거기 | あそこ/저기 | どこ/어디 |
| 방향 or 사람 | こちら/이쪽 | そちら/그쪽 | あちら/저쪽 | どちら/어느 쪽 |
| 명사수식 | この/이 | その/그 | あの/저 | どの/어느 |

「こ·そ·あ·ど」계열은 이외에도 사람을 가리킬 때도 사용되었는데 현재는 「あなた·どなた」만 일반적으로 사용되며 「こなた·そなた」는 스모경기 등의 한정된 장면 이외에는 사용되지 않는다.

「こちら」, 「そちら」, 「あちら」는 방향을 나타낼 때 사용하지만 사람을 나타낼 때도 사용할 수 있다. 편안한 회화체에서는 방향을 나타낼 때 「こっち」, 「そっち」, 「あっち」의 표현이 많이 쓰이며 사람을 가리킬 경우 친한 친구 사이 이외에는 사용하지 않는 것이 좋다.

## 3 지시대명사의 용법

지시대명사는 눈앞의 사물을 가리키는 현장지시와 이야기나 글에 나타나는 인물이나 화제 등을 가리키는 문맥지시로 나눌 수 있다.

(1) 현장지시

지시대상이 말하는 사람 자신과 가까이 있을 경우 「こ」계열을 사용하지만 듣는 사람에게 가까운 경우에는 「そ」계열을 사용한다.

A : **これ**は<ruby>何<rt>なん</rt></ruby>ですか。 이것은 무엇입니까?

B : **それ**はコーヒーです。 그것은 커피입니다.

또한 지시대상이 말하는 사람과 듣는 사람 모두에게 멀리 떨어져 있는 경우에는 「あ」계열을 사용한다.

A : トイレは**どちら**ですか。 화장실은 어느 쪽입니까?

B : **あちら**です。 저쪽입니다.

何 なん, なに 무엇
コーヒー 커피
トイレ 화장실

**(2) 문맥지시**

문맥지시란 대화 속에 등장하는 화제의 인물이나 사물을 가리키는 말이다. 문맥지시일 경우 「その人ひと」,「あの人ひと」는 한국어로「그 사람」으로만 해석된다. 이처럼 우리말에서는 모두「그」계열로 해석되지만 일본어에서는「そ」계열과「あ」계열을 구별하여 사용하는 점을 유의해야 한다.

**その人ひとに会あいたいです。** 그 사람을 만나고 싶습니다.

**あの人ひとに会あいたいです。** 그 사람을 만나고 싶습니다.

❶「そ」계열 : 말하는 사람이나 듣는 사람 중에 어느 한 사람만이 지시대상을 알거나, 둘 다 모를 경우에 사용한다. 아래의 경우 B는 A가 말한「田中たなか」란 사람에 대해 알지 못하기 때문에「その人ひと」라고 한다.

　A : 私わたし、昨日きのう、田中たなかという人ひとに会あった。
　　　나, 어제 다나카라는 사람을 만났어.
　B : **その人ひと**、だれ。 그 사람, 누구야?

❷「あ」계열 : 지시대상을 말하는 사람과 듣는 사람이 모두 알고 있는 경우에 사용한다. 아래의 경우 A와 B가 모두「雪国ゆきぐに」라는 책을 알고 있기 때문에 B는「あの本」이라고 한다.

　A : 昨日きのう、「雪国ゆきぐに」という本ほんを読よみました。
　　　어제 설국이라는 책을 읽었습니다.
　B : **あの本ほん**はとても有名ゆうめいですね。 그 책은 매우 유명하지요.

 **WORD**
会あいたい 만나고 싶다
~という ~라고 하다
誰だれ 누구
読よみました 읽었습니다
とても 매우
有名ゆうめい 유명

말하는 사람과 듣는 사람이 나란히 위치하고 같은 쪽을 바라보고 있을 때
① 지시대상이 말하는 사람과 듣는 사람 모두에게서 가까울 때는 양쪽 모두「こ」계열을 사용한다.
　A : **これ**は誰だれのケイタイですか。 이것은 누구의 핸드폰입니까?
　B : あっ、**これ**は私わたしのです。 어, 이것은 제 것입니다.
② 지시대상이 말하는 사람과 듣는 사람에게서 그다지 멀리 떨어져 있지 않을 때「そ」계열을 사용한다.
　A : **それ**は病院びょういんですか。 그것은 병원입니까?
　B : いいえ、**それ**はホテルです。 아니요, 그것은 호텔입니다.

 **WORD**
ケイタイ 휴대폰
病院びょういん 병원
ホテル 호텔

# UNIT 01 연습문제

**1.** 다음 ( ) 안에 들어갈 알맞은 말을 고르시오.

① 最近の( )には耐えられませんね。
　① 暑い　　② 暑さ　　③ 暑し　　④ 暑く

② A：山田さん見えませんね。
　B：そうですね。( )人はいつも遅刻しますね。
　① この　　② その　　③ あの　　④ どの

③ A：昨日、「雪国」という映画を見ました。
　B：( )映画は面白いですか。
　① この　　② その　　③ あの　　④ どの

**2.** 다음 중 밑줄 친 말과 성격이 다른 것을 고르시오.

① すみません、<u>ビール</u>ください。
　① 山　　② 川　　③ 学校　　④ 東京

② A：<u>韓国</u>はどこですか。
　B：ここです。
　① 日本　　　　　　② 田中
　③ 日本語の先生　　④ 東京大学

# practice

**3.** 다음 밑줄 친 칸에 들어갈 알맞은 말을 써넣으시오.

① A：これは金(きむ)さんのかばん_____。
　 B：はい、私(わたし)のかばんです。

② A：それは本(ほん)ですか。
　 B：いいえ、これは本(ほん)_____。
　　　これは、ノートです。

③ A：昨日(きのう)はテストでしたか。
　 B：いいえ、昨日(きのう)はテスト_____。

**4.** 다음의 ( ) 안의 한국어를 알맞은 형태의 일본어로 바꾸시오.

① 昨日(きのう)は休(やす)み_____。(~이었다)
② _____は私(わたし)の友(とも)だちです。(의사인 山田(やまだ) 씨)
③ 金(きむ)：これは田中(たなか)さんの本(ほん)ですか。
　 田中(たなか)：はい、_____。(제 것입니다)

**WORD**
暑(あつ)さ 더위 | 耐(た)えられない 못 견디겠다 | 遅刻(ちこく) 지각 | 最近(さいきん) 최근 | 見(み)えない 안 보이다, 못 보다
いつも 항상 | 映画(えいが) 영화 | 面白(おもしろ)い 재미있다 | ビール 맥주 | ください 주세요 | ~さん ~씨,~님
友(とも)だち 친구

# 형용사(形容詞)

형용사는 사물의 성질과 상태, 속성, 감정, 감각 등을 나타내는 말로 「い형용사」,「な형용사」의 두 종류가 있다.

1. い형용사
2. な형용사

# 1 い형용사

「い형용사」는 기본형이 「〜い」로 끝나는 형용사를 가리키며, 의미적으로는 크게 「속성」을 나타내는 것과 「감정」을 나타내는 것으로 나뉜다.

## 1 い형용사의 의미적인 분류

(1) 속성

❶ 색깔 : 白い 하얗다, 黒い 까맣다, 赤い 빨갛다, 黄色い 노랗다, 青い 파랗다
❷ 맛 : おいしい 맛있다, 辛い 맵다, 甘い 달다, 苦い 쓰다
❸ 온도 : 暑い 덥다, 寒い 춥다, 冷たい 차갑다, 暖かい 따뜻하다
❹ 형상 등 : 大きい 크다 ↔ 小さい 작다   多い 많다 ↔ 少ない 적다
　　　　　　高い 높다 ↔ 低い 낮다   長い 길다 ↔ 短い 짧다
　　　　　　暗い 어둡다 ↔ 明るい 밝다   広い 넓다 ↔ 狭い 좁다

(2) 감정 : 嬉しい 기쁘다, 悲しい 슬프다, 寂しい 쓸쓸하다, 怖い 무섭다

## 2 い형용사 문장 및 활용

(1) 긍정형 : 「い형용사+です」　〜입니다

「い형용사」에 「〜です」를 붙여 정중한 표현을 만든다.

おいしい 맛있다 ➔ おいしいです 맛있습니다

寒い 춥다 ➔ 寒いです 춥습니다

(2) 부정형 : 「い형용사 어간+くない/くありません」　〜지 않다/〜지 않습니다

어미 「〜い」를 「〜く」로 바꾼 후 「ない」, 「ありません」을 붙인다. 여기서 「ない」는 기본형, 「ありません」은 정중표현이며, 「ない」에 「〜です」를 붙이면 정중표현으로 「ありません」과 같은 뜻이 된다.

長い 길다 ➔ 長くない 길지 않다

長くないです/長くありません 길지 않습니다

일반적으로 「~くないです」보다 「~くありません」을 많이 쓰며, 정중도면에서는 「~くないです」보다 「~くありません」이 더 정중한 표현이다.
「좋다」라는 형용사는 「いい・よい」 두 가지가 있지만, 부정형 활용의 경우는 반드시 「よい」로만 활용하여 「よくない/よくありません」이 되므로 주의해야 한다.

(3) 명사수식형 : 「い형용사+명사」  ~ㄴ(은)~

い형용사에 바로 명사를 연결한다.

熱(あつ)いコーヒー 뜨거운 커피    高(たか)い山(やま) 높은 산

* 遠(とお)い, 近(ちか)い, 多(おお)い는 명사를 수식할 때 기본형이 아닌 「~くの」의 형태로 명사를 수식하므로 주의하여야 한다.

(4) 연결형 : 「い형용사 어간+くて」  ~고/~아(어)서

두 문장을 연결하여 하나의 문장으로 만드는 것으로 어미 「~い」를 「~く」로 바꾸고 접속조사 「~て」를 연결한다. 즉 어간에 「~くて」를 접속하면 된다. 「~고」(나열), 「~아(어)서」(원인·이유)의 두 가지의 의미가 있다.

❶ 나열

あのレストランはおいしいです。やすいです。
저 레스토랑은 맛있습니다. 쌉니다.

→ あのレストランはおいし**くて**やすいです。
저 레스토랑은 맛있고 쌉니다.

❷ 원인·이유

日本語(にほんご)の先生(せんせい)は優(やさ)しいです。日本語(にほんご)の先生(せんせい)は女(おんな)の学生(がくせい)に人気(にんき)があります。
일본어 선생님은 친절합니다. 일본어 선생님은 여학생에게 인기가 있습니다.

→ 日本語(にほんご)の先生(せんせい)は優(やさ)し**くて**、女(おんな)の学生(がくせい)に人気(にんき)があります。
일본어 선생님은 친절해서 여학생에게 인기가 있습니다.

* 「いい・よい」의 연결형은 「よくて」가 됨을 주의해야 한다.

(5) 과거형 : 「い형용사 어간+かった/かったです」  ~았(었)다/~았(었)습니다

어미 「~い」를 「~かった」로 바꾸어 과거형을 만든다. 뒤에 「~です」를 붙이면 정중한 표현이 된다.

暑(あつ)い 덥다 → 暑(あつ)**かった** 더웠다 → 暑(あつ)**かったです** 더웠습니다
短(みじか)い 짧다 → 短(みじか)**かった** 짧았다 → 短(みじか)**かったです** 짧았습니다

* 「いい・よい」의 과거형은 「よかった」가 된다.

**レストラン** 레스토랑, 식당
**女(おんな)の学生(がくせい)** 여학생
**人気(にんき)がある** 인기 있다

(6) 과거부정형 : 「い형용사 어간+くなかった/くなかったです/くありませんでした」 ～지 않았다/～지 않았어요/～지 않았습니다

어미 「～い」를 「～く」로 바꾸고 뒤에 「なかった/なかったです/ありませんでした」를 붙인다. 「～くなかった」는 기본형이고, 「～くなかったです」, 「～くありませんでした」는 정중한 표현이다.

広い 넓다 → 広くなかった 넓지 않았다

広くなかったです/広くありませんでした 넓지 않았습니다

(7) 부사형 : 「い형용사 어간+く+동사」 ～게 ～하다

어미 「～い」를 「～く」로 바꾸고 동사를 붙인다. 이때 형용사는 「～게」라는 부사형이 되므로 이를 형용사의 부사형이라고도 표현한다.

おいしい + 食べる → おいしく食べる 맛있게 먹다

(8) 변화 : 「い형용사 어간+くなる」 ～아(어)지다

어미 「～い」를 「～く」로 바꾸고 동사 「なる」를 붙이면 변화를 나타내는 의미의 「～아(어)지다」가 된다.

暑い + なる → 暑くなる 더워지다

| 기본형 | 부정형 | 명사수식형 | 연결형 | 과거형 | 과거부정형 | 부사형 |
|---|---|---|---|---|---|---|
| ～い | ～くない<br>～くないです<br>～くありません | ～い+명사 | ～くて | ～かった<br>～かったです | ～くなかった<br>～くなかったです<br>～くありませんでした | ～く |
| 高い<br>높다 | 高くない<br>높지 않다<br>高くないです<br>높지 않습니다<br>高くありません<br>높지 않습니다 | 高い山<br>높은 산 | 高くて<br>높고 | 高かった<br>높았다<br>高かったです<br>높았습니다 | 高くなかった<br>높지 않았다<br>高くなかったです<br>높지 않았습니다<br>高くありませんでした<br>높지 않았습니다 | 高く<br>높게 |

## 3 い형용사의 특별한 명사수식형

「い형용사」가 명사를 수식할 때는 기본형, 즉「~い」의 형태로 명사 앞에 놓이지만, 경우에 따라 독특한 형태로 명사 앞에 놓이는「い형용사」가 있다. 다음에서 그러한「い형용사」의 명사수식형에 대해 살펴보자.

(1) 「~い」,「~くの」의 형태를 취하는「い형용사」

「学校から遠いアパート」처럼「学校から遠い 학교에서 먼」전체가「アパート 아파트」를 수식하고 있는 경우(명사의 술어로서 쓰인 경우) い형용사의 형태 그대로 명사를 수식할 수 있지만,「遠くの山」처럼「遠い 먼」가 직접 명사「山 산」를 수식할 때는「遠い」를「遠くの」로 바꾸어 수식해야 한다.

| 遠い<br>멀다 | 遠い | 田中さんは学校から遠いアパートに住んでいる。<br>다나카 씨는 학교에서 먼 아파트에 살고 있다. |
| | 遠くの | バスの中から遠くの山が見えました。<br>버스 안에서 멀리 있는 산이 보였습니다. |
| 近い<br>가깝다 | 近い | 結婚式が近い人は時にゆううつになります。<br>결혼식이 가까운 사람은 때로 우울해집니다. |
| | 近くの | 私は近くのデパートへよく買い物に行きます。<br>나는 근처 백화점으로 쇼핑하러 자주 갑니다. |
| 多い<br>많다 | 多い | 用例の多い辞書がほしい。<br>용례가 많은 사전을 사고(갖고) 싶다. |
| | 多くの | 会場には多くの人が集まっている。<br>회의장에는 많은 사람들이 모여 있다. |

\* 多く 대부분, 近く 근처, 遠く 먼 곳, 古く 옛날 등은 명사로도 쓰인다.
多くの韓国人は 대부분의 한국인은　　近くのパン屋 근처 빵집
遠くから来る人 멀리서 오는 사람　　古くからの知り合い 옛날부터 아는 사이

(2) 「~い」,「~な」양쪽 형태를 모두 취하는「い형용사」

「大きい 크다」,「小さい 작다」,「おかしい 우습다/이상하다」,「あたたかい 따뜻하다」,「やわらかい 부드럽다」,「細かい 자세하다」는 명사수식형으로「~い」,「~な」의 양쪽 형태를 모두 취할 수 있다.

| 기본형 | 大きい<br>크다 | 小さい<br>작다 | あたたかい<br>따뜻하다 |
| い형태의<br>명사수식형 | 大きいかばん<br>큰 가방 | 小さいかばん<br>작은 가방 | あたたかい天気<br>따뜻한 날씨 |
| な형태의<br>명사수식형 | 大きな夢<br>큰 꿈 | 小さな時計<br>작은 시계 | あたたかな天気<br>따뜻한 날씨 |

**WORD**
アパート 아파트
バス 버스
ゆううつ 우울
デパート 백화점
よく 잘, 자주
買い物 쇼핑
辞書 사전
夢 꿈
時計 시계

**More!**
「-い」는 객관적이고 구체적인 비교 대상이 있을 때,「-な」는 상태나 정도를 주관적이고 감각적으로 나타낼 때 사용되는 경향이 있다.

# 2 な形용사

「な형용사」는 기본형이 「〜だ」로 끝나는 형용사를 가리키며, 사물의 성질이나 상태 또는 사람의 감정을 나타낸다. 또한 「な형용사」는 「고유어·한자어·외래어」 계열의 3가지 형태가 있다.

(1) 고유어 : **きれいだ** 깨끗하다, **元気だ** 건강하다, **にぎやかだ** 번화하다, **まじめだ** 성실하다

(2) 한자어 : **親切だ** 친절하다, **便利だ** 편리하다, **有名だ** 유명하다, **簡単だ** 간단하다

(3) 외래어 : **ハンサムだ** 잘생겼다, **シンプルだ** 심플하다, **カラフルだ** 화려하다, **ユニークだ** 독특하다

## 1 な형용사 문장 및 활용

명사와 유사한 활용을 하지만 명사를 수식할 때 「명사＋の＋명사」인 반면, 「な형용사」의 경우 「な형용사 어간＋な＋명사」가 된다. 그렇기 때문에 「な형용사」라는 이름이 붙여진 것이다.

(1) 긍정형 : 「**な형용사 어간＋です**」 ~ㅂ(습)니다

「な형용사」의 긍정형은 어미 「〜だ」를 없애고 어간에 「〜です」를 붙여 정중한 표현을 만든다.

**きれい**だ 예쁘다 → **きれいです**。 예쁩니다.
**有名**だ 유명하다 → **有名です**。 유명합니다.

(2) 부정형 : 「**な형용사 어간＋〜では(じゃ)ない/〜では(じゃ)ありません**」
　　　　 ~지 않다/~지 않습니다

「な형용사」의 부정형은 어미 「〜だ」를 없애고 명사의 부정형과 마찬가지로 어간 뒤에 「〜では(じゃ)ない」, 「〜ではないです」, 「〜ではありません」을 붙인다.

**静か**だ 조용하다 → **静かでは(じゃ)ない**。 조용하지 않다.
　　　　　　　　　→ **静かでは(じゃ)ないです** 조용하지 않습니다.
　　　　　　　　　→ **静かでは(じゃ)ありません** 조용하지 않습니다.

(3) 명사수식형 : 「な형용사 어간+な+명사」

「い형용사」는 뒤에 오는 명사를 수식할 때 기본형에 그대로 명사가 오지만 「な형용사」는 어미 「~だ」가 「~な」로 바뀌고 명사에 연결된다. 바로 이 부분이 명사수식형에서 「い형용사」와 「な형용사」를 구분하는 요인이다.

にぎやかだ 번화하다 ＋ 街 거리 → にぎやかな街 번화한 거리

便利だ 편리하다 ＋ 交通 교통 → 便利な交通 편리한 교통

(4) 연결형 : 「な형용사 어간+で」 ~고/~아(어)서

「な형용사」로 끝나는 문장 뒤에 또 다른 문장을 연결하려면 어미 「~だ」를 「~で」로 바꾸어 연결한다. 「~고」(나열), 「~아(어)서」(원인·이유) 의 두 가지의 의미가 있다.

❶ 나열
新しいアパートは静かだ。きれいだ。
새 아파트는 조용하다. 깨끗하다.
→ 新しいアパートは静かで、きれいです。
새 아파트는 조용하고 깨끗합니다.

❷ 원인·이유
山田さんは焼き立てのパンが大好きだ。パンをよく食べる。
야마다 씨는 갓 구운 빵을 매우 좋아한다. 빵을 자주 먹는다.
→ 山田さんは焼き立てのパンが大好きで、よく食べます。
야마다 씨는 갓 구운 빵을 매우 좋아해서 자주 먹습니다.

(5) 과거형 : 「な형용사 어간+だった/でした」 ~았(었)다/~았(었)습니다

과거형은 「な형용사」의 어미 「~だ」를 없애고 기본형에는 「~だった」를 정중형에는 「~でした」를 붙인다.

上手だ 능숙하다 → 上手だった/上手でした 능숙했다/능숙했습니다

(6) 과거부정형 : 「な형용사 어간+では(じゃ)なかった/では(じゃ)ありませんでした」
　　　　　　　 ~지 않았다/~지 않았습니다

어미 「~だ」를 없애고 「~では(じゃ)なかった/~では(じゃ)なかったです/~では(じゃ)ありませんでした」를 붙인다. 「~では(じゃ)なかった」는 기본형이고, 「~では(じゃ)なかったです/~では(じゃ)ありませんでした」는 정중한 표현이다.

好きだ → 好きでは(じゃ)なかった 좋아하지 않았다
　　　　→ 好きでは(じゃ)なかったです 좋아하지 않았습니다
　　　　→ 好きでは(じゃ)ありませんでした 좋아하지 않았습니다

**WORD**

街まち 거리
交通こうつう 교통
焼やきたて 갓 구운 것
パン 빵
大好だいすきだ 매우 좋아하다
公園こうえん 공원

(7) 부사형 : 「な형용사 어간+に+동사」 ～게/～히/～이 ～하다

어미 「～だ」를 「～に」로 바꾸어 부사형을 만든 후 동사와 연결한다.

きれいだ + 見える ➔ きれいに見える
깨끗하다+보이다 → 깨끗하게(뚜렷이) 보이다

静かだ + する ➔ 静かにする
조용하다+하다 → 조용히 하다.

(8) 변화 : 「な형용사 어간+になる」 ～아(어)지다, ～게 되다

변화를 나타내는 동사인 「なる」가 와서 「～아(어)지다, ～게 되다」라는 의미가 될 때, 어미 「～だ」가 「～に」로 변하게 된다.

真っ赤だ + なる ➔ 真っ赤になる
새빨갛다+되다 → 새빨개지다/새빨갛게 되다

好きだ + なる ➔ 好きになる
좋아하다+되다 → 좋아하게 되다

| 기본형 | 부정형 | 과거형 | 과거부정형 |
|---|---|---|---|
| ～だ<br>～です | ～では(じゃ)ない<br>～では(じゃ)ないです<br>～では(じゃ)ありません | ～だった<br>～でした | ～では(じゃ)なかった<br>～では(じゃ)なかったです<br>～では(じゃ)ありませんでした |
| きれいだ<br>깨끗하다<br>きれいです<br>깨끗합니다 | きれいでは(じゃ)ない<br>깨끗하지 않다<br>きれいでは(じゃ)ないです<br>깨끗하지 않습니다 | きれいだった<br>깨끗했다<br>きれいでした<br>깨끗했습니다 | きれいでは(じゃ)なかった<br>깨끗하지 않았다<br>きれいでは(じゃ)なかったです<br>きれいでは(じゃ)ありませんでした<br>깨끗하지 않았습니다 |

| 명사수식형 | 부사형 | 연결형 |
|---|---|---|
| ～な+명사 | ～に | ～で |
| きれいな公園<br>깨끗한 공원 | きれいに<br>깨끗이 | きれいで<br>깨끗하고, 깨끗해서 |

## 2 な형용사의 특별한 명사수식형

「な형용사」는 뒤에 명사가 오면 어미 「~だ」가 「~な」로 변하지만, 예외적으로 「~な」와 「~の」의 양쪽 형태를 모두 취하는 경우가 있다.

| 사전형 | いろいろだ<br>여러 가지이다 | 特別だ<br>특별하다 | 別だ<br>다르다 | わずかだ<br>얼마 안 된다 | 上等だ<br>고급스럽다 | 独特だ<br>독특하다 |
|---|---|---|---|---|---|---|
| な형 | いろいろな本 | 特別な酒 | 別な日 | わずかなお金 | 上等な品 | 独特な方法 |
| の형 | いろいろの本 | 特別の酒 | 別の日 | わずかのお金 | 上等の品 | 独特の方法 |
| 의미 | 여러 종류의 책 | 특별한 술 | 다른 날 | 약간의 돈 | 고급품 | 독특한 방법 |

또한 「同おなじ」는 불규칙한 형용사로서 다음과 같이 활용한다.

| 사전형 | 명사수식 | 「の」,「のに」,「ので」수식 | 부사형 1 | 부사형 2 |
|---|---|---|---|---|
| 同じだ<br>같다 | 同じかばん<br>같은 가방 | 同じなの 같은 것<br>同じなのに 같은데<br>同じなので 같기 때문에 | 同じになる<br>같아지다 | 同じく学生だ<br>똑같이 학생이다 |

* 「同おなじ」는 경우에 따라 「同おない」로 쓰이는 경우가 있다. 「동갑」이라고 말 할 경우에는 「同おない年どし」로, 「같은 해」를 말 할 경우에는 「同おなじ年どし」라고 한다.

彼氏かれしと私わたしは同おい年どしです。
그 사람과 저는 동갑입니다.

平成へいせい29年ねんと2017年ねんは同おなじ年としです。
헤이세이 29년도와 2017년은 같은 해입니다.

酒さけ 술
お金かね 돈
品しな 물건, 상품
彼氏かれし 남자친구
平成へいせい
　헤이세이(일본연호)
方法ほうほう 방법

# 연습문제

1. 다음 ( ) 안에 들어갈 알맞은 말을 고르시오.

   **1** 昨日はとても(　)。
   - ① 寒いです
   - ② 寒いでした
   - ③ 寒いかったです
   - ④ 寒かったです

   **2** 笑顔がすてき(　)人ですね。
   - ① で
   - ② に
   - ③ な
   - ④ の

   **3** A：家から学校まで遠いですか。

   　B：いいえ、あまり(　)。
   - ① 遠いです
   - ② 遠いかったです
   - ③ 遠くありません
   - ④ 遠いではありません

   **4** 公園の前に(　)人がいます。
   - ① 多い
   - ② 多くの
   - ③ 多いの
   - ④ 多く

   **5** 試験中には(　)してください。
   - ① 静かく
   - ② 静かで
   - ③ 静か
   - ④ 静かに

2. 다음의 ( ) 안의 형용사를 알맞은 형태로 바꾸시오.

   **1** A：金さんはどんな人ですか。

   　B：＿＿＿＿＿＿＿＿＿＿、やさしい人です。(まじめだ)

   **2** A：納豆はお好きですか。

   　B：いいえ、あまり＿＿＿＿＿＿＿＿＿＿。(好きだ)

   **3** A：東京旅行はどうでしたか。

   　B：とても＿＿＿＿＿＿＿＿＿＿。(いい)

   **4** A：金さんは日本語があまり＿＿＿＿＿＿＿＿＿＿が、今は上手です。(上手だ)

3. 다음의 주어진 형용사를 해석과 같은 의미가 되도록 밑줄에 써넣으시오.

1) _____勉強しましょう。(早い)

빨리 공부합시다.

2) 急に、_____。(暑い)

갑자기 더워졌네요.

3) 野球が好きな人と_____人がいます。(好きだ)

야구를 좋아하는 사람과 좋아하지 않는 사람이 있습니다.

4) 掃除をして部屋が_____。(きれいだ)

청소를 해서 방이 깨끗해졌습니다.

---

**WORD**
笑顔えがお 웃는 얼굴 | ～の前まえ ~의 앞 | 試験中しけんちゅう 시험 중 | あまり～ではない 그다지 ~지 않다
旅行りょこう 여행 | 勉強べんきょうする 공부하다 | 急きゅうに 갑자기 | 掃除そうじ 청소 | 部屋へや 방

# 동사1(動詞1)

동사는 사람이나 사물의 동작이나 상태, 작용 등을 나타내는 말이며 활용을 한다. 활용이란 쓰임에 따라 단어의 모양이 바뀌는 것으로 동사의 종류에 따라 활용 형태가 다르다.

1. 동사의 종류
2. 동사의 활용

# 1 동사의 종류

일본어의 동사는 기본형의 어미가 「う단(う·く·す·つ·ぬ·ぶ·む·る)」으로 끝나는 특징을 가지고 있다.

言う 말하다   聞く 듣다   話す 말하다   立つ 서다   死ぬ 죽다
呼ぶ 부르다   飲む 마시다   乗る 타다   食べる 먹다   する 하다

또한 어미의 활용형태에 따라 아래 표와 같이 1그룹 동사, 2그룹 동사, 3그룹 동사로 나눌 수 있다.

|  | 구분 방법 | 예시 |
|---|---|---|
| 1그룹 동사 | 기본형이 「る」로 끝나지 않는 경우 | 行く 가다<br>飲む 마시다<br>会う 만나다 |
| | 기본형이 「る」로 끝나고 「る」앞이 「あ단」,「う단」,「お단」 음일 경우 | かかる 걸리다<br>降る 내리다<br>乗る 타다 |
| 2그룹 동사 | 기본형이 「る」로 끝나고 「る」앞이 「い단」 음일 경우 | 起きる 일어나다<br>見る 보다<br>いる 있다 |
| | 기본형이 「る」로 끝나고 「る」앞이 「え단」 음일 경우 | 食べる 먹다<br>寝る 자다<br>かける 걸다 |
| 3그룹 동사 | 「来る」와 「する」 | 来る 오다<br>する 하다 |

\* 「する」의 경우는 「仕事, 電話」와 같은 한자어 명사에 붙어 동작을 나타내는 말로 사용된다.
  仕事する 일하다   電話する 전화하다

\* 2그룹 동사 중 「る」 앞이 「い단」,「え단」인 경우에도 1그룹 동사에 포함되는 경우가 있다.
  切る 자르다   知る 알다   走る 달리다   入る 들어가다
  帰る 돌아가다   減る 줄다   要る 필요하다 등

# 2 동사의 활용

동사는 「ます형」, 「ない형」, 「명사수식형」, 「가능형」, 「명령형」, 「청유형」 등으로 활용을 한다.

## 1 ます형

조동사 「～ます」는 「～ㅂ(습)니다」의 뜻을 가지고 있으며 정중한 표현을 나타내는 역할을 한다. 동사가 「～ます」에 붙는 꼴을 「ます형」이라고 한다. 우리말은 현재형과 미래형의 형태가 다르지만 일본어의 「ます형」에는 현재의 일반적인 사항을 나타내는 「～ㅂ(습)니다」와 가까운 미래를 나타내는 표현인 「～겠습니다」라는 의미로도 같이 쓰이기 때문에 문맥에 따라 해석해야 한다.

|  | 접속 방법 | 예시 | |
|---|---|---|---|
| 1그룹 동사 | 「う단」을 「い단」으로 바꾸고 「ます」를 붙인다. | 行く | 行きます |
|  |  | 飲む | 飲みます |
| 2그룹 동사 | 「る」를 없애고 「ます」를 붙인다. | 起きる | 起きます |
|  |  | 食べる | 食べます |
| 3그룹 동사 | 「来る」와 「する」는 불규칙 활용으로 다음과 같이 변한다. | 来る | 来ます |
|  |  | する | します |

(1) 「ます형」이 쓰이는 문형

「ます형」에 접속되는 문형에는 「～ますか」, 「～ません」, 「～ました」, 「～ませんでした」 등이 있다. 즉 「行きますか」, 「行きません」, 「行きました」, 「行きませんでした」의 형태를 취해 여러 가지 파생적인 의미를 나타낸다.

❶ 「ます」의 의문형 : 「～ますか」 ～ㅂ(습)니까?

「ます」뒤에 의문조사 「か」를 붙여 의문형을 만든다.

書く 쓰다 → 書き+ますか = 書きますか 씁니까?
食べる 먹다 → 食べ+ますか = 食べますか 먹습니까?
する 하다 → し+ますか = しますか 합니까?

❷ 「ます」의 부정형 : 「〜ません」 〜지 않습니다

　　書く 쓰다 ➡ 書き+ません ＝ 書きません 쓰지 않습니다
　　食べる 먹다 ➡ 食べ+ません ＝ 食べません 먹지 않습니다
　　する 하다 ➡ し+ません ＝ しません 하지 않습니다

❸ 「ます」의 과거형 : 「〜ました」 〜았(었)습니다

　　書く 쓰다 ➡ 書き+ました ＝ 書きました 썼습니다
　　食べる 먹다 ➡ 食べ+ました ＝ 食べました 먹었습니다
　　する 하다 ➡ し+ました ＝ しました 했습니다

❹ 「ます」의 과거부정형 : 「〜ませんでした」 〜지 않았습니다

　　書く 쓰다 ➡ 書き+ませんでした ＝ 書きませんでした 쓰지 않았습니다
　　食べる 먹다 ➡ 食べ+ませんでした ＝ 食べませんでした 먹지 않았습니다
　　する 하다 ➡ し+ませんでした ＝ しませんでした 하지 않았습니다

(2) 그 밖의 「ます형」이 쓰이는 주요 문형

❶ 「〜ましょう/ましょうか」 〜ㅂ(읍)시다/〜ㄹ(을)까요?
「〜ましょう」는 상대방에게 무엇인가를 적극적으로 권할 때 쓰이는 「〜ㅂ(읍)시다」라는 청유의 뜻이 있다. 경우에 따라서는 자신의 의지를 표현할 때 쓰이는 「〜하지요, 〜겠습니다」라는 뜻으로도 쓰인다. 「〜ましょうか」는 상대방의 의향을 묻는 표현으로 「〜ㄹ(을)까요」에 해당한다.

　a. 권유표현
　　また、行きましょう。 또 갑시다.
　　そろそろ、始めましょう。 슬슬 시작합시다.

　b. 의지표현
　　A:誰が連絡しますか。 누가 연락하겠습니까?
　　B:私が連絡しましょう。 제가 연락하겠습니다.

　c. 상대방의 의향을 묻는 표현
　　今度、一緒に行きましょうか。 다음에 같이 갈래요?
　　少し休みましょうか。 조금 쉴까요?

　　＊ 상대방의 의향을 묻는 표현에는 「〜ませんか 〜지 않겠습니까」라는 표현도 있는데 이 표현이 「〜ましょうか」보다 더욱 정중한 느낌이 있다.

また 또
そろそろ 슬슬
連絡れんらくする 연락하다
今度こんど 이번
一緒いっしょに 함께
少すこし 조금

## 2 ない형

우리말의 「~지 않다」에 해당하는 부정표현으로 「~です」를 붙여 「ないです」가 되면 정중한 표현이 된다.

| | 접속 방법 | 예시 | |
|---|---|---|---|
| 1그룹 동사 | 「う단」을 「あ단」으로 바꾼 후 「ない」를 붙인다. | 行く | 行かない |
| | | 飲む | 飲まない |
| 2그룹 동사 | 어미 「る」를 없애고 「ない」를 붙인다. | 起きる | 起きない |
| | | 食べる | 食べない |
| 3그룹 동사 | 来る와 する는 불규칙 활용으로 다음과 같이 변한다. | 来る | 来ない |
| | | する | しない |

\* 단 어미가 「う」로 끝나는 동사는 「あ」가 아니라 「わ」로 바뀌므로 주의해야 한다. 또한 「ある」의 부정형은 「あらない」라고 하지 않고 「없다」라는 뜻인 「ない」로 나타낸다.

思う 생각하다 → 思わない 생각하지 않다

### (1) 「ない」의 활용방법

「ない형」은 어미가 「~い」로 끝나기 때문에 형용사와 같은 활용을 한다.

| 명사수식 ない+명사 | 飲み会に行かない人。 회식에 가지 않는 사람. |
|---|---|
| 정중형 ない+です | 飲み会に行かないです。 회식에 가지 않습니다. |
| 과거형 な+かった | 飲み会に行かなかった。 회식에 가지 않았다 |
| 과거정중형 な+かったです | 飲み会に行かなかったです。 회식에 가지 않았습니다. |

### (2) 「ない형」과 관련된 표현

❶ 「~ないで」 ~지 않고/~지 말고

「~ないで」를 문장에 연결하면 「~하지 않고(그러한 상태로)」라는 부대상황을 나타낸다.

宿題をしないで学校に行った。 숙제하지 않고 학교에 갔다.

**WORD**
飲のみ会かい 회식
宿題しゅくだい 숙제

テキストを見ないで、聞いてください。 책을 보지 말고 들어주세요.

* 「い형용사」, 「な형용사」, 「명사」의 경우에는 「~지 않고」, 「~지 말고」의 의미로 해석되더라도 「~ないで」에는 접속될 수 없다. 아래의 ❷에 나오는 「~なくて」에 접속되므로 주의해야 한다.

  美しくないで(×) → 美しくなくて(○) 아름답지 않고

  元気でないで(×) → 元気でなくて(○) 건강하지 않고

❷ 「~なくて」 ~지 않아서
앞문장의 상황이 뒷문장의 원인이나 이유가 되는 인과관계를 나타낸다. 뒷문장에는 주로 감정이나 판단에 대한 표현이 온다.

　うまく話せなくて、がっかりした。
　제대로 얘기할 수 없어서 실망했다.

　写真がとれなくて残念だった。 사진을 찍을 수 없어서 유감이었다.

❸ 「~ないでください」 ~지 말아 주세요
상대방에게 「~하지 말아 달라」고 공손하게 요구하거나 명령할 때 쓰는 표현이다. 「ください」를 생략하고 말하면 「~하지 마」라는 뜻으로 반말로 사용할 수 있다.

　無理して行かないでください。 무리해서 가지 말아 주세요.

　靴を履いたまま、入らないでください。
　신발을 신은 채 들어가지 말아 주세요.

　無理しないで。 무리하지 마.

❹ 「~なくてもいいです」 ~지 않아도 좋습니다(괜찮습니다)
「~てもいいです ~아(어)도 좋습니다」의 부정표현으로 그 행위를 하지 않아도 된다는 의미를 나타낸다.

　すぐ返事しなくてもいいです。 곧바로 답장하지 않아도 괜찮습니다.

　急がなくてもいいです。 서두르지 않아도 좋습니다.

❺ 「~ないほうがいいです」 ~지 않는 편이 좋습니다
「~たほうがいいです ~하는 편이 좋다」의 부정표현으로 상대방에게 충고나 제언할 때 사용한다.

　たばこを吸わないほうがいいです。
　담배를 피우지 않는 편이 좋습니다.

　お酒は飲まないほうがいいです。 술을 마시지 않는 편이 좋습니다.

**WORD**

テキスト 교재
うまく 잘, 능숙하게
がっかりする 실망하다
写真しゃしん 사진
残念ざんねんだ 유감이다
無理むりする 무리하다
靴くつを履はく
　신발을 신다
~たまま ~한 채로
すぐ 곧장, 즉시
返事へんじする
　답장하다, 대답하다
たばこを吸すう
　담배를 피우다

❻ 「～なくてはいけません」 ～지 않으면 안 됩니다/～아(어)야 합니다

개인적인 사정이나 규칙 혹은 필요성에 의한 「～해야 한다」는 표현을 「なくてはいけません ～하지 않으면 안 된다」라는 이중부정형으로 표현한다. 이 표현은 「～なくてはならない」, 「～なくてはだめです」로 바꿔 쓸 수 있다. 「だめです」를 쓰면 더욱 회화체의 느낌이 든다.

明日までにレポートを提出し**なくてはいけません**。
내일까지 레포트를 제출하지 않으면 안 됩니다.

毎日学校に行か**なくてはなりません**。
매일 학교에 가지 않으면 안 됩니다.

❼ 「～なければなりません」 ～지 않으면 안 됩니다.

사회적인 책임이나 의무, 필요성에 의해 「～아(어)야 한다」라는 표현은 「～なければなりません ～지 않으면 안 된다」라는 이중부정형의 표현으로 자주 쓰인다. 이는 「～なければいけない」, 「～なければだめです」로 바꾸어 쓸 수 있다. 「なりません」보다 「いけません」, 「だめです」를 쓰면 회화체의 느낌이 든다. 「なければ」는 축약형인 「なきゃ」로도 쓸 수 있다.

運転免許は10年に一度更新し**なければなりません**。
운전면허는 10년에 한 번 갱신하지 않으면 안 됩니다.

靴を脱が**なければいけません**。 신발을 벗지 않으면 안 됩니다.

**WORD**

レポート 레포트
提出ていしゅつする 제출하다
毎日まいにち 매일
運転免許うんてんめんきょ 운전면허
一度いちど 한번
更新こうしんする 갱신하다
靴くつを脱ぬぐ 신발을 벗다
道みち 길
運動うんどうする 운동하다

## ❸ 명사수식형

1그룹, 2그룹, 3그룹 동사 모두 기본형에 접속한다.

(1) 1그룹 동사
学校へ**行く**道 학교에 가는 길

(2) 2그룹 동사
昼ごはんを**食べる**時 점심밥을 먹을 때

(3) 3그룹 동사
**運動する**人 운동을 하는 사람

## 4 가능형

동사의 가능형은 주어의 능력(기술, 신체적)이나 행위의 실현가능성을 나타내는 것으로 「~ㄹ(을) 수 있다」라는 의미를 갖는다. 「~[e]る/~られる」의 형태로 바꾸어 만든다.

| | 접속 방법 | 예시 | |
|---|---|---|---|
| 1그룹 동사 | 어미 「う단」을 「え단」으로 바꾼 후 「る」를 붙인다. | 行く | 行ける |
| | | 飲む | 飲める |
| 2그룹 동사 | 어미 「る」를 없애고 「られる」를 붙인다. | 起きる | 起きられる |
| | | 食べる | 食べられる |
| 3그룹 동사 | 「来る」와 「する」는 불규칙 활용으로 다음과 같이 변한다. | 来る | 来られる |
| | | する | できる |

> **Tip!**
> 2그룹동사의 가능형은 일반적으로 「~られる」를 붙이는데 최근에는 「起きれる, 食べれる」와 같이 「~れる」만을 붙여서 가능형으로 사용하는 경향이 있다. 이것을 「ら抜(ぬ)き言葉(ことば)」라고 한다.

\* 1그룹 동사의 경우 가능형(가능동사)으로 바꾸면 2그룹 활용을 하게 된다.

行ける 갈 수 있다 → 行けない 갈 수 없다 / 行けます 갈 수 있습니다

(1) 가능형 동사가 취하는 조사

❶ 일반적으로 가능형 동사 앞에 오는 동작의 대상을 나타내는 조사 「を」는 「が」로 바꿔야 한다.

　私は日本語を話す。 나는 일본어를 말한다.
　私は日本語が話せる。 나는 일본어를 말할 수 있다.

❷ 하지만 최근에는 조사 「を」를 그대로 사용하는 경우가 늘고 있다. 단 「食(た)べる」, 「読(よ)む」, 「書(か)く」 등 일생생활에서 자주 쓰이는 동사는 「を」보다 「が」의 사용을 더 선호하는 경향이 있다.

　日本語が話せる。 (○) 일본어를 할 수 있다.
　日本語を話せる。 (○) 일본어를 할 수 있다.

❸ 「する」의 가능형인 「できる」는 「が」만 사용해야 한다.

　私は日本語をできる。 (×)
　私は日本語ができる。 (○) 나는 일본어를 할 수 있다.

❹ 「会ぁう」「乗のる」와 같이 원래 조사 「に」를 취하는 동사는 가능형으로 바꾸어도 조사는 그대로 사용한다.

飛行機ひこうきに乗のります。 비행기를 탑니다.

飛行機ひこうきに乗のれます。 비행기를 탈 수 있습니다.

(2) 「동사의 기본형+ことができる」

일본어의 가능표현은 동사의 활용과 관계없이 동사의 기본형에 「ことができる」를 접속해서 만드는 방법이 있다.

お酒さけを飲むことができる。 술을 마실 수 있다.

日本語にほんごを教おえることができる。 일본어를 가르칠 수 있다.

飛行機ひこうき 비행기
教おしえる 가르치다

「〜[e]る/〜られる」와 「〜ことができる」의 차이점

「〜[e]る/〜られる」와 「〜ことができる」는 의미적으로 거의 차이가 없지만 「〜[e]る/〜られる」의 경우에는 회화체에서 주로 쓰이며 「食たべる 먹다, 飲のむ 마시다」와 같이 일상생활에서 자주 쓰이는 동사가 이 형태로 자주 사용된다. 반면 「ことができる」의 경우에는 다소 문어적인 느낌이 들며 논리적인 동사인 「述のべる 말하다, 진술하다」 「まとめる 정리하다」 등과 함께 쓰이기 쉽다. 또한 2그룹 동사의 경우 가능형(食たべられる)과 수동형(食たべられる)의 형태가 같기 때문에 혼동을 피하기 위하여 「ことができる」가 사용되기도 한다.

## 5 명령형

동사의 명령형은 우리말 「~아(어), ~아(어)라」로 해석되지만 강한 명령 조를 나타내기 때문에 회화체에서는 보통 「~て」의 형태로 자주 쓰인다.

| | | 접속 방법 | 예시 | |
|---|---|---|---|---|
| 1그룹 동사 | | 어미 「う단」을 「え단」으로 고친다. | 会う | 会え |
| | | | 乗る | 乗れ |
| 2그룹 동사 | | 어미 「る」를 없애고 「ろ」를 붙인다. | 起きる | 起きろ |
| | | | 食べる | 食べろ |
| 3그룹 동사 | | 「来る」와 「する」는 불규칙 활용으로 다음과 같이 변한다. | 来る | 来い |
| | | | する | しろ/せよ |

동사의 명령형은 주로 윗사람이 아랫사람에게 강한 어조로 명령할 때나 교통표지(止まれ 정지, 멈춤), 구호나 구령 등으로 쓰인다. 강한 어조이기 때문에 여성의 경우에는 「명령형＋と言った ~아(어)라고 말했다」처럼 간접적인 표현으로 사용하는 경우가 많다.

(1) 윗사람이 아랫사람에게 강한 어조로 명령할 때
　　早く酒持って来い。 빨리 술 가져 와라.

(2) 교통표지판
　　止まれ 정지　　スピードを落とせ 속도를 줄이시오
　　右に曲がれ 우회전 하시오

(3) 구호나 구령이나 긴급상황을 나타낼 때
　　頑張れ 힘내라　　火事だ！逃げろ 불이야! 도망가.

(4) 간접적인 표현
　　母はいつも部屋を片付けろといいます。
　　엄마는 언제나 방을 정리하라고 합니다.

　* 흔히 친구 간에 회화체에서 쓸 경우에는 명령형 뒤에 「~よ」를 붙여 부드럽게 표현한다.
　　早く起きろよ。 빨리 일어나.

早やく 빨리
スピード 속도
右みぎ 오른쪽
火事かじ 화재
母はは 어머니
いつも 항상

## 6 청유형/의지형

상대방에게 「～하자」라고 어떠한 행동을 제안하거나, 화자 자신의 의지를 나타내어 「～아(어)야지」라고 해석되는 경우는 「～う」나 「～よう」를 접속하여 표현한다. 상대방에게 행동을 제안하는 경우에는 청유형이라고 하며, 화자 자신의 의지를 나타내는 경우에는 의지형이라고 한다. 대부분의 문법서에서는 청유형과 의지형은 형태가 같기 때문에 의지형으로 표기하는 경우가 많다.

| | 접속 방법 | 예시 | |
|---|---|---|---|
| 1그룹 동사 | 어미 「う단」을 「お단」으로 고치고 「う」를 붙인다. | 会う | 会おう |
| | | 乗る | 乗ろう |
| 2그룹 동사 | 어미 「る」를 없애고 「よう」를 붙인다. | 起きる | 起きよう |
| | | 食べる | 食べよう |
| 3그룹 동사 | 「来る」와 「する」는 불규칙 활용으로 다음과 같이 변한다. | 来る | 来よう |
| | | する | しよう |

(1) 청유형 : ～하자(친한 상대방에 대한 제안)

図書館で一緒に勉強しよう。 도서관에서 함께 공부하자.

お昼ご飯、一緒に食べよう。 점심밥 같이 먹자.

＊청유형의 정중형은 「～ましょう」로 바꾸어 사용하면 된다.

寒いですね。そろそろ帰りましょう。 춥네요. 슬슬 돌아갑시다.

(2) 의지형 : ～아(어)야지(화자의 의지)

화자가 혼잣말을 하거나 앞으로의 예정이나 결의를 나타낼 때 주로 쓰인다.

今日から日記を書こう。 오늘부터 일기를 써야지.

明日もう一度来よう。  내일 한 번 더 와야지.

**WORD**

図書館 としょかん 도서관
日記 にっき 일기
もう一度 いちど 한번 더

(3) 「〜う(よう)か」 〜ㄹ(을)까

의지형에 의문사 「〜か」를 붙이면 「〜ㄹ(을)까」의 뜻으로 화자 자신이나 상대방의 의향을 묻는 표현이 된다. 정중형은 「〜ましょうか」로 나타낸다.

新しくできたラーメン屋に行ってみようか。
새로 생긴 라면집에 가볼까?

少し、休もうか。 조금 쉴까?

暑いですね。窓を開けましょうか。 덥네요. 창문을 열까요?


(4) 그 밖의 의지형 문형

❶ 「〜う(よう)と思う」 〜(으)려고 생각하다

화자의 의지나 예정을 나타내는 표현이다. 「〜う(よう)と思っている」를 사용하면 전부터 그렇게 생각하고 있다는 계속의 느낌이 강하다.
「〜う(よう)と思う」는 화자의 의지표현에서만 사용 가능하지만, 「〜う(よう)と思っている」는 상대방이나 제3자의 의지표현에도 사용할 수 있다.

私は早く寝ようと思います。 저는 빨리 자려고 생각합니다.

夏休みに旅行しようと思っています。
여름 방학 때 여행 가려고 생각하고 있습니다.

❷ 「〜う(よう)とする」 〜하려고 하다

어떤 행위나 동작이 이루어지기 직전의 상태를 말하거나, 어떠한 동작을 하려고 방금 시도했다는 의미로 사용된다.

花が散ろうとしています。
꽃이 지려고 하고 있습니다.

玄関のドアを誰かが開けようとします。
현관문을 누군가 열려고 합니다.

ラーメン 라면
〜屋や ~가게
窓まど 창문
夏なつ休やすみ 여름휴가
花はな 꽃
玄関げんかん 현관
ドア 도어, 문

# UNIT 03 연습문제

**1.** 다음 빈칸에 들어갈 알맞은 표현을 고르시오.

① A：お昼食べましたか。

B：いいえ、食べ_____。

① ました　　② ません　　③ ませんか　　④ ませんでした

② さっきの店おいしかったですね。また、行き_____。

① ます　　② ました　　③ ましょう　　④ ません

③ 辛いものが_____。

① 食べますか　　　　　② 食べませんか
③ 食べられますか　　　④ 食べましょうか

④ 昨日は大雨でしたが、今日は_____ね。

① 降ります　　② 降りません　　③ 降りない　　④ 降りましょう

⑤ あの人とはこれ以上_____。

① 会わなくてはいけない　　② 会ったほうがいい
③ 会わないほうがいい　　　④ 会えないほうがいい

**2.** 다음 대화문의 문맥에 맞게 주어진 동사를 활용하여 문장을 완성하시오.

① A：塩、_____ますか。（要る）

B：はい、お願いします。

② A：明日朝早く会議があるので、できれば早く来てください。

B：はい、明日は_____ないように気をつけます。（遅れる）

**3** A：明日仕事で忙しいです。

　　B：そうですか。無理して＿＿＿＿＿＿ないでください。（行く）

**4** A：留学に＿＿＿＿＿＿前に、何をしましたか。（くる）

　　B：貿易会社で働きました。

## 3. 다음 빈칸에 해석과 같은 의미가 되도록 알맞은 동사활용형을 써넣으시오.

**1** お昼一緒に＿＿＿＿＿＿よう。（食べる）

　점심 같이 먹자.

**2** もう6時だ。早く＿＿＿＿＿＿。（起きる）

　벌써 6시야. 빨리 일어나.

**3** 弟は日本語が＿＿＿＿＿＿。（話す）

　남동생은 일본어를 말할 수 있습니다.

**4** ここではたばこを＿＿＿＿＿＿ください。（吸う）

　여기서는 담배를 피우지 말아 주세요.

**5** 明日からジョギング＿＿＿＿＿＿と思っています。（する）

　내일부터 조깅하려고 생각하고 있어요.

---

**WORD**
さっき 아까, 방금 전 | 店みせ 가게 | 大雨おおあめ 많은 비 | 以上いじょう 이상 | 塩しお 소금 | 会議かいぎ 회의 |
できれば 가능하면 | 気きをつける 주의하다 | 留学りゅうがく 유학 | 貿易会社ぼうえきがいしゃ 무역회사 |
弟おとうと 남동생 | ジョギング 조깅

# 동사 2 (動詞 2)

일본어의 동사는 「て형」이나 「た형」과 같은 특정한 활용형에 있어서 어미가 발음하기 편한 형태로 바뀌는 경우가 있는데 이것을 음편 (音便) 현상이라고 한다.

1. 동사의 음편
2. 「て형」
3. 「た형」
4. 존재동사

# 1 동사의 음편

음편(音便おんびん)이란 발음하기 편하도록 음이 변화하는 것을 말한다. 동사의 경우, 1그룹 동사만이 「~て ~고/~아(어)서」, 「~た ~았(었)다(과거)」, 「~たり ~기도 하고」, 「~たら ~ㄴ(는)다면(가정)」 등이 뒤에 올 때 음편 현상이 일어난다. 음편에는 「い」로 변하는 「い음편(い音便おんびん)」, 「っ」로 변하는 「촉음편(促音便そくおんびん)」, 「ん」으로 변하는 「발음편(撥音便はつおんびん)」의 세 가지 종류가 있다.

## 1 い음편(い音便)

기본형이 「く·ぐ」로 끝나는 1그룹 동사가 「て·た·たり·たら」에 이어질 때 어미 「く·ぐ」가 「い」로 바뀌는 현상을 말한다. 「ぐ」로 끝나는 동사의 경우 「て·た·たり·たら」에 접속하면 「で·だ·だり·だら」와 같이 탁음이 발생한다.

### く·ぐ → い (い음편)

| 書かく 쓰다 | → | 書かいて 쓰고<br>書かいた 썼다<br>書かいたり 쓰기도 하고<br>書かいたら 쓰면 | 泳およぐ 헤엄치다 | → | 泳およいで 헤엄치고<br>泳およいだ 헤엄쳤다<br>泳およいだり 헤엄치기도 하고<br>泳およいだら 헤엄치면 |

**WORD**
音便おんびん 음편
促音そくおん 촉음
撥音はつおん 발음

* 예외적으로 「行いく(가다)」의 경우는 「い」음편이 되지 않고 촉음편이 된다.
   行く → 行って·行った·行ったり·行ったら

## 2 촉음편(促音便·つまる音便)

기본형이 「う·つ·る」로 끝나는 1그룹 동사가 「て·た·たり·たら」 등에 이어질 때 어미가 촉음(促音) 「っ」로 바뀌는 현상을 말한다.

### う·つ·る → っ (촉음편)

| 買かう 사다 | → | 買かって 사고<br>買かった 샀다<br>買かったり 사기도 하고<br>買かったら 사면 | 待まつ 기다리다 | → | 待まって 기다리고<br>待まった 기다렸다<br>待まったり 기다리기도 하고<br>待まったら 기다리면 | 乗のる 타다 | → | 乗のって 타고<br>乗のった 탔다<br>乗のったり 타기도 하고<br>乗のったら 타면 |

## ❸ 발음편(撥音便·はねる音便)

기본형이「ぬ·ぶ·む」로 끝나는 1그룹 동사가「て·た·たり·たら」등에 이어질 때 어미가 발음(撥音)「ん」으로 바뀌는 현상을 말한다. 주의할 점은 발음편은「ん」의 영향으로 뒤에 오는「て·た·たり·たら」에 탁점이 붙어「で·だ·だり·だら」가 된다는 점이다.

### ぬ·ぶ·む→ん (발음편)

| 死ぬ<br>죽다 → | 死んで 죽고<br>死んだ 죽었다<br>死んだり 죽기도 하고<br>死んだら 죽으면 | 呼ぶ<br>부르다 → | 呼んで 부르고<br>呼んだ 불렀다<br>呼んだり 부르기도 하고<br>呼んだら 부르면 | 飲む<br>마시다 → | 飲んで 마시고<br>飲んだ 마셨다<br>飲んだり 마시기도 하고<br>飲んだら 마시면 |

## ❹ 음편이 없는 동사

아래의 동사들은 음편현상이 발생하지 않으므로「ます형」에 그냥「て·た·たり·たら」를 접속하면 된다.

❶ 1그룹 동사 중「す」로 끝나는 동사 : 話はなす 말하다, 消けす 끄다, さす 찌르다 등
❷ 2그룹 동사 : 전체
❸ 3그룹 동사 : 来くる, する

| 「す」로 끝나는 1그룹 동사 | 2그룹 동사 | 3그룹 동사 |
|---|---|---|
| 話す<br>말하다 → 話して 말하고<br>話した 말했다<br>話したり 말하기도 하고<br>話したら 말하면 | 食べる<br>먹다 → 食べて 먹고<br>食べた 먹었다<br>食べたり 먹기도 하고<br>食べたら 먹으면 | する<br>하다 → して 하고<br>した 했다<br>したり 하기도 하고<br>したら 하면 |

# 2 て형

## 1 て형의 기본용법

「~て」의 기본의미는「~고, ~고 나서」와 같이 행동을 열거하거나, 그 다음 순서의 행위를 나타낸다. 또한「~아(어)서」와 같이 해석되어 원인이나 이유를 나타낼 때도 쓰인다.

(1) 순차동작 : ~고 나서
    8時に朝ご飯を食べて、会社へ行きます。
    8시에 아침밥을 먹고 회사에 갑니다.

(2) 동시동작 : ~ㄴ(은) 상태로
    いすに座って、テレビを見ます。
    의자에 앉아서 텔레비전을 봅니다.

(3) 수단·방법 : ~아(어)서
    歩いて、スーパーへ行きます。
    걸어서 슈퍼마켓에 갑니다.

(4) 원인·이유 : ~아(어)서, 때문에
    かぜを引いて、会社を休みました。
    감기에 걸려서 회사를 쉬었습니다.

(5) 동작의 병렬 : ~고
    うちの子はよく食べて、よく寝ます。
    우리 아이는 잘 먹고, 잘 잡니다.

(6) 전건과 후건의 대비 관계 : ~고
    男は外で働いて、女は家で子供を育てます。
    남자는 밖에서 일하고, 여자는 집에서 아이를 기릅니다.

**WORD**

会社かいしゃ 회사
椅子いす 의자
歩あるく 걷다
風邪かぜを引ひく
  감기 걸리다
外そと 밖

## 2 그 밖의 て형이 쓰이는 문형

(1) 「～てから」 ～고 나서

앞의 동작이 끝나고 나서 뒤의 동작을 한다는 것을 나타낸다.

歯をみがいてから、寝ます。 이를 닦고 나서 잡니다.
家へ帰ってから、ご飯を食べます。 집에 돌아가서 밥을 먹습니다.

### 「～て」vs「～てから」

「～て」와「～てから」의 쓰임을 비교해 보자.

① 「～て」와「～てから」는 동작의 순서를 나타낸다.

食事の後、お風呂に入って、勉強します。
식사 후에 목욕하고 공부합니다.
食事の後、お風呂に入ってから、勉強します。
식사 후에 목욕하고 나서 공부합니다.

② 「～て」는「～て」를 중심으로 앞뒤의 사태가 같은 비중을 차지한다. 따라서「そして 그리고」로 바꾸어 쓸 수 있다. 반면「～てから」는 화자의 시점이 후건에 있으며 그 사항에 대한 시간적 순서를 나타낸다.

食事の後、お風呂に入って、勉強します。
= 食事の後、お風呂に入ります。そして、勉強します。
→ 식사 후에 목욕을 합니다. 그리고 공부를 합니다.
食事の後、お風呂に入ってから、勉強します。
→ 식사 후에 목욕을 먼저 하고 다음에 공부를 합니다.

따라서 「いつ 언제」라는 질문에 대해 동작이 이루어진 시간이 아닌 동작의 순서로 대답할 경우에는 「～て」보다는 「～てから」를 사용해서 대답하는 것이 적합하고, 「何をしたか 무엇을 했는가?」라는 질문에는 「～て」를 사용해 대답하는 것이 적합하다.

A : 食事の後、いつ勉強しましたか。 식사 후에 언제 공부했습니까?
B : お風呂に入ってから勉強しました。 목욕하고 나서 공부했습니다.

③ 순차동작을 나타내는 「～て」는 전후 사태의 동작주가 다를 때는 사용할 수 없다. 이 경우에는 「～てから」를 써서 표현해야 한다.

降りる人が降りてから、乗ってください。
내릴 사람이 내리고 나서 타 주세요.

～の後 ~한 후
お風呂に入る 목욕하다
そして 그리고
いつ 언제

(2) 「～てもいい(です)」 ～아(어)도 좋다(좋습니다)

의문문으로 사용하여 상대방에게 허가를 요구하거나, 긍정문으로 화자가 허락을 해 줄 때 사용하는 표현이다.

**この部屋でお弁当を食べてもいいですか。**
이 방에서 도시락을 먹어도 됩니까?

**あなたはもう家に帰ってもいいですよ。**
당신은 이제 집에 돌아가도 좋습니다.

같은 표현으로 「～てもかまわない ～아(어)도 상관없다」, 「～てもかまいません ～아(어)도 상관없습니다」도 모두 허가, 허락의 의미를 나타낸다.

(3) 「～てください」 ～아(어) 주세요/～(으)세요

상대방에게 가볍게 명령하거나 요구, 의뢰하는 표현이다.

**1時間後に取りに来てください。** 한 시간 후에 가지러 와 주세요.
**私のことを忘れないでください。** 저를 잊지 말아 주세요.

(4) 「～てはいけない」 ～아(어)서는 안 된다

「～てはいけない ～해서는 안 된다」는 어떤 행위에 대한 금지표현으로, 정중형은 「～てはいけません ～아(어)서는 안 됩니다」이다. 회화체에서는 「～ては(では)」는 「～ちゃ(じゃ)」라고도 한다. 또한 「いけない」 역시 「안 된다」라는 표현인 「だめだ」로 표현할 수 있기 때문에 「～ちゃだめだ」, 「～じゃだめだ」의 형태로도 많이 사용된다.

**ここでは大声で話してはいけません。**
여기에서는 큰 소리로 말해서는 안 됩니다.

**こんな時間に外で遊んじゃだめよ。**
이런 시간에 밖에서 놀면 안 돼.

お弁当 べんとう 도시락
大声 おおごえ 큰 목소리
時間 じかん 시간

# 3 た형

## 1 た형의 기본용법

우리말의 「~았(었)다」에 해당하는 일본어의 「た형」은 과거의 내용을 나타내는 의미 외에도 완료, 상태, 발견 등의 의미를 나타내다. 동사의 음편형에서 살펴본 바와 같이 어미변화는 「て형」과 동일하다.

(1) 과거

동작이나 작용이 과거에 이루어졌다는 의미를 나타낸다.

今朝早く起きた。 오늘 아침 일찍 일어났다.

昨日出張から帰って来た。 어제 출장에서 돌아왔다.

(2) 완료

완료는 과거에 「어떤 일이 일어났다」는 의미가 아니라 동작·작용이 「지금 막 행위가 끝난 완료」와 「어떤 사실이 실현되었다」는 의미를 가진다.

もうすでにみなさんに連絡した。 벌써 이미 모두에게 연락했다.

夏が来た。 여름이 왔다.

(3) 상태

현재의 상태를 나타내는 말이지만 현재형이 아니라 「た형」의 형태로 쓰이는 말이다.

あ、疲れた。 아, 피곤하다.

お腹空いた。 배고프다.

(4) 발견·확인·상기(想起)

「た형」은 그밖에도 「찾고 있던 것을 방금 발견했다」 등의 발견의 의미와 스케줄의 확인, 「잊고 있던 사실을 지금 깨달았다」는 상기의 의미 등을 가지고 있다.

あっ、あった。自転車ここですよ。 (발견) 아 있다. 자전거 여기에 있어요.

明日の午後は会議がありましたね。 (확인) 내일 오후에 회의가 있었죠?

あっ、あさっては約束があった。 (상기) 아, 모레는 약속이 있었다.

(5) 명령

どいた。 비켜!

さあ、買った買った。 사세요! 사.

待った。 기다려!

出張 しゅっちょう 출장
すでに 이미
お腹 なか が空 す く
　배고프다
午後 ごご 오후
約束 やくそく 약속
退 ど く 비키다, 물러나다

## 2 그 밖의 た형이 쓰이는 문형

(1) 「~たり~たりする」 ~기도 하고 ~기도 하다.

두 가지 이상의 사항을 나열할 때 쓰는 말로 「~거나 ~거나 한다」로 해석하면 더욱 자연스럽다.

暇な時は映画を見たり、音楽を聞いたりします。
한가할 때 영화를 보거나 음악을 듣거나 합니다.

インドの映画ではよく歌ったり踊ったりしておもしろいです。
인도영화에서는 자주 노래하기도 하고 춤추기도 해서 재미있습니다.

한 가지 이상의 사항을 말할 때도 사용할 수 있지만 끝은 반드시 「~たりする」로 끝내야 한다.

週末は買い物をしたりします。 주말에는 쇼핑을 하거나 합니다.

(2) 「~たことがある」 ~ㄴ(은) 적이 있다.

과거에 경험한 일이나 경력에 쓰는 표현이다.

その絵は以前に見たことがあります。
그 그림은 이전에 본 적이 있습니다.

ここは何度も来たことがあります。
여기는 몇 번이고 온 적이 있습니다.

반대 표현은 「~たことがない」를 사용한다.

東京には一度も行ったことがないです。
동경에는 한 번도 간 적이 없습니다.

ワインを飲んだことがありません。
와인을 마신 적이 없습니다.

(3) 「~たほうがいい」 ~는 편이 좋다.

자신의 의견을 상대방에게 조언하거나 충고할 때 쓰는 표현이다. 현재 혹은 앞으로 「~는 게 좋다」는 충언의 의미이지만 「た형」으로 많이 쓰인다.

すぐに病院に行ったほうがいい。
곧바로 병원에 가는 편이 좋다.

それは秘密にしたほうがいいですよ。
그것은 비밀로 하는 편이 좋아요.

하지만 부정표현은 반드시 현재형으로 써야 한다.

ここでは大声を出さないほうがいいです。
여기에서는 큰 소리를 내서는 안 됩니다.

**WORD**

暇ひま 틈, 짬
音楽おんがく 음악
インド 인도
週末しゅうまつ 주말
絵え 그림
以前いぜん 이전
何度なんども 몇번이나
ワイン 와인
すぐに 곧장, 즉시
秘密ひみつ 비밀

あの人とはデートしないほうがいいよ。
저 사람하고는 데이트 하지 않는 게 좋습니다.

⑷ 「~たあとで」 ~ㄴ(은) 후에/~ㄴ(은) 다음에

어떤 동작이 완료된 후에 다른 동작이 이어서 발생하는 것을 나타내는 표현이다.

最近、聞いたあとで、すぐ忘れてしまう。
최근 들은 후에 금방 잊어버린다.

食事をしたあとで、この薬を飲んでください。
식사를 한 후에 이 약을 먹으세요.

デートする 데이트하다
~てしまう ~해버리다
薬くすりを飲のむ 약을 먹다

# 4 존재동사

한국어에는 존재를 나타내는 동사가 「있다」만 존재하는 데 반해 일본어에서 「있다」는 뜻의 존재를 나타내는 동사에는 「ある」, 「いる」 두 가지가 있다.

| ある | 자신의 의지로 움직일 수 없는 것(사물, 식물, 광물, 추상명사 등) |
| --- | --- |
| いる | 자신의 의지로 움직일 수 있는 것(사람, 동물 등) |

「ある」는 사물이나 식물처럼 자신의 의지로 움직일 수 없는 것의 존재를 나타내는 반면, 「いる」는 사람이나 동물처럼 자신의 의지로 움직일 수 있는 것의 존재를 나타낸다.

大きい木がある。 큰 나무가 있다.
テーブルの下に猫がいる。 테이블 아래에 고양이가 있다.
教室の中に学生と先生がいる。 교실 안에 학생과 선생님이 있다.

단, 사람이나 동물의 경우에도 동작성을 무시하고 그 존재 자체만을 나타낼 때는 「ある」를 사용한다.

かわいい妹があっていいな。 귀여운 여동생이 있어서 좋겠다.

テーブル 테이블
猫ねこ 고양이
妹いもうと 여동생

## 1 존재동사의 정중형

존재동사인「ある」,「いる」의 정중한 표현은「あります」,「います」이며「있습니다」에 해당된다. 존재의 장소는 조사「に」로 나타낸다.

町には広い川があります。 마을에는 큰 강이 있습니다.

ドアの前に大きい犬がいます。 문 앞에 큰 개가 있습니다.

駅には人がいっぱいいます。 역에는 사람이 많이 있습니다.

## 2 존재동사의 부정형

「あります」의 부정형은「ありません」이며,「います」의 부정형은「いません」이다.

今度の週末には何の約束もありません。
이번 주말에는 아무 약속도 없습니다.

事務所にはだれもいません。 사무실에는 아무도 없습니다.

## 3 위치를 나타내는 표현

| 上 | 下 | 中 | 外 | 左 | 右 | 前 | 後ろ |
|---|---|---|---|---|---|---|---|
| 위 | 아래 | 안 | 밖 | 왼쪽 | 오른쪽 | 앞 | 뒤 |
| 隣 | 横 | そば | 向かい | 向こう | 隅 | 角 | 斜め |
| 옆, 이웃 | 옆, 가로 | 근처, 곁 | 맞은편 | 건너편 | 구석 | 모퉁이 | 비스듬히 |

(1)「となり」와「よこ」와「そば」의 차이점

❶「となり(隣)」:「となり」는 기준이 되는 사물을 중심으로 가장 가까운 것을 말한다. 즉 사과, 귤, 포도, 감의 순서대로 있을 때 포도의 옆에는 귤과 감이 있다고 할 수 있다. 또한「となり」는 서로 같은 종류나 성질의 것을 옆에 두고 사용하여야 한다. 즉 사물의 옆에는 사물을 사람 옆에는 사람이 있다는 식으로 사용해야 한다.

鈴木さんのとなりにキムさんがいます。
스즈키 씨 옆에 김○○ 씨가 있습니다.

郵便局のとなりにコンビニがあります。
우체국 옆에 편의점이 있습니다.

**WORD**

犬 いぬ 개
駅 えき 역
いっぱい 가득
今度 こんど 이번
事務所 じむしょ 사무소
郵便局 ゆうびんきょく 우체국
コンビニ 편의점

❷ 「よこ(横)」: 「よこ」는 중심이 되는 사물이나 사람 옆에 무언가를 가리킬 때 사용하거나, 또는 「옆면·측면」이라는 의미를 나타낸다. 또 「가로」라는 뜻도 가지고 있다.

田中さんの**よこ**にいるのはだれですか。
다나카 씨 옆에 있는 것은 누구입니까? (중심의 옆)

ワインの箱の**よこ**のところに、フランス製と書いてある。
와인상자의 옆면에 프랑스제라고 쓰여 있다. (측면)

**よこ**10センチ、縦15センチの箱がいいです。
가로 10센티, 세로 15센티의 상자가 좋습니다. (가로)

❸ 「そば」: 「そば」는 중심이 되는 기준에서의 「근처·주변」이라는 의미로 쓰이거나, 또는 심리적으로 「곁」에 있다는 것을 나타낼 때 사용된다. 「곁」이라는 의미는 노래 가사 등에서 자주 나타난다.

駅の**そば**にデパートがある。 역 근처에 백화점이 있다. (근처, 주변)

私の**そば**にいてほしい。 내 곁에 있어 주면 좋겠어. (심리적)

君の**そば**にいるよ。 네 옆에 있을 거야. (심리적)

(2) 「向かい」와 「向こう」의 차이점

❶ 「向かい」: 「向かい」는 「정면」에 대하고 있거나 얼굴을 서로 마주보고 있는 경우를 나타내며, 길이나 도로를 경계로 (바로) 「맞은편」이라는 의미로 사용된다.

**向かい**に座る。 마주보고 앉다.

**向かい**の家。 맞은편 집.

❷ 「向こう」: 「向こう」는 꼭 마주하고 있지 않아도 「길 건너편」의 의미로 사용되거나, 또는 「~너머」의 뜻으로도 사용된다.

**向こう**の家。 건너편 (앞)집.

窓の**向こう**に見える景色。 창 너머로 보이는 경치.

箱 はこ 상자
〜のところ ~부분
フランス 프랑스
〜製 せい ~제, ~에서 만든
センチ 센티미터
縦 たて 세로
〜てほしい ~해주기를 바라다
景色 けしき 경치

# UNIT 04 연습문제

**1.** 다음 빈칸에 들어갈 알맞은 말을 고르시오

① 財布がない。あっ、ここに_____。
　① ある　　　② あった　　　③ いる　　　④ いた

② バスに_____、学校へ行きます。
　① 乗りて　　② 乗んで　　　③ 乗って　　④ 乗いて

③ ここにお名前を_____ください。
　① 書きて　　② 書んで　　　③ 書いて　　④ 書って

④ 今度のパーティーに友だちを_____いいですか。
　① 呼びても　② 呼びでも　　③ 呼んでも　④ 呼んても

⑤ 友だちに_____あとで、何をしますか。
　① 会う　　　② 会った　　　③ 会って　　④ 会える

**2.** 다음 대화문의 문맥에 맞게 주어진 동사를 활용하여 문장을 완성하시오.

① A：今ちょっと忙しいので、明日_____てもいいですか。(電話する)
　B：はい、お願いします。

② A：これ、どこに_____たらいいですか。(置く)
　B：テレビのよこにお願いします。

③ A：かぜで熱があって、頭も痛いです。
　B：そうですか。家に帰って、_____ほうがいいですよ。(休む)

④ A：この事、鈴木さんに_____てもいいですか。(話す)
　B：いいえ、だめです。話さないでください。

practice

**3.** 다음의 주어진 동사를 해석과 같은 의미가 되도록 밑줄에 써넣으시오.

**1** 日曜日はテレビを＿＿＿＿＿、友だちと＿＿＿＿＿します。(見る, 遊ぶ)

일요일에는 텔레비전을 보거나, 친구와 놀거나 합니다.

**2** 日本に＿＿＿＿＿ことがありますか。(来る)

일본에 온 적이 있나요?

**3** かわいい妹が＿＿＿＿＿うらやましい。(ある)

귀여운 여동생이 있어서 부럽다.

**4** ここで、たばこを＿＿＿＿＿いけない。(吸う)

여기서는 담배를 피워서는 안 된다.

**5** かぜを＿＿＿＿＿学校を休みました。(引く)

감기에 걸려서 학교를 쉬었습니다.

---

**WORD**

財布 さいふ 지갑 | 乗のる 타다 | 名前 なまえ 이름 | パーティー 파티 | 呼よぶ 부르다 | 熱ねつ 열 | 遊あそぶ 놀다

# 자동사·타동사
## (自動詞/他動詞)

동사는 행위·작용의 주체와 대상과의 관계에 따라 자동사, 타동사로 나눌 수 있다. 주체의 행위나 작용에 의해 주체가 변화하는 경우를 자동사, 주체의 행위나 작용에 의해 대상이 변화하는 경우를 타동사라고 한다.
일본어의 동사는 대상을 나타내는 조사 「を」를 취하는지의 여부에 따라 크게 자동사와 타동사로 나눌 수 있다.

1. 자동사와 타동사의 정의 및 구분
2. 자동사와 타동사의 관계
3. 자동사·타동사 구별하는 방법
4. 자동사·타동사의 표현상 특징

# 1 자동사와 타동사의 정의 및 구분

일본어의 동사는 「車<sub>くるま</sub>が止<sub>と</sub>まった(차가 섰다)」와 같이 동작을 하는 주체의 의지로 인한 행위와는 상관없는 경우를 나타내는 자동사와, 「車を止めた(차를 세웠다)」와 같이 동작을 하는 주체의 의지로 인한 행위를 나타내는 타동사로 나뉜다. 예를 들어 「車が止まった」는 주로 누가 차를 세웠는지에 중점을 둔 것이 아니라 차가 멈춰 서 있는 것 자체에 중점을 둘 때 사용되는 반면 「車を止めた」의 경우는 차를 운전하는 중에 어떤 상황에 의하여 운전자의 의지로 차를 세웠을 경우에 사용된다.

隣<sub>となり</sub>の家<sub>いえ</sub>の前<sub>まえ</sub>に車<sub>くるま</sub>が止<sub>と</sub>まっている。 옆 집 앞에 차가 세워져 있다.

(駐車場<sub>ちゅうしゃじょう</sub>がいっぱいだったから) 隣<sub>となり</sub>の家<sub>いえ</sub>の前<sub>まえ</sub>に車<sub>くるま</sub>を止<sub>と</sub>めた。
(주차장이 꽉 차 있으니까) 옆 집 앞에 차를 세웠다.

## 1 자동사

어떤 상황이 자연적으로 일어났다는 것을 나타내는 동사이다. 주로 조사 「が」를 사용한다.

雨<sub>あめ</sub>が降<sub>ふ</sub>る。 비가 온다.

まどが開<sub>あ</sub>く。 창문이 열리다.

간혹 「に」 또는 「と」와 같은 조사를 사용하는 경우도 있다. 조사 「に」, 「と」를 사용하는 자동사에는 「会<sub>あ</sub>う」, 「行<sub>い</sub>く」, 「結婚<sub>けっこん</sub>する」 등이 있다.

人<sub>ひと</sub>に会<sub>あ</sub>う。 사람을 만나다.　　彼<sub>かれ</sub>と結婚<sub>けっこん</sub>する。 그와 결혼하다.

部屋<sub>へや</sub>に入<sub>はい</sub>る。 방에 들어가다.　　東京<sub>とうきょう</sub>に着<sub>つ</sub>く。 동경에 도착하다.

大学院<sub>だいがくいん</sub>に入学<sub>にゅうがく</sub>する。 대학원에 입학하다.

* 자동사라도 통과하는 장소나 동작의 출발점, 도착점 등 이동의 의미를 나타내는 경우에는 조사 「を」를 사용한다. 이와 같은 자동사를 이동성 동사라고 하며, 여기에서 쓰이는 조사 「を」는 동작의 목적이나 대상을 의미하는 것이 아니라 장소를 나타낸다.

道<sub>みち</sub>を歩<sub>ある</sub>く 길을 걷다　　家<sub>いえ</sub>を出<sub>で</sub>る 집을 나가다　　空<sub>そら</sub>を飛<sub>と</sub>ぶ 하늘을 날다

坂<sub>さか</sub>を登<sub>のぼ</sub>る 언덕을 오르다　　川<sub>かわ</sub>を渡<sub>わた</sub>る 강을 건너다　　席<sub>せき</sub>を立<sub>た</sub>つ 자리를 뜨다

バスを降<sub>お</sub>りる 버스에서 내리다　　角<sub>かど</sub>を曲<sub>ま</sub>がる 모퉁이를 돌다

**WORD**
車<sub>くるま</sub> 자동차
駐車場<sub>ちゅうしゃじょう</sub> 주차장
いっぱいだ 가득 차다

## 2 타동사

사람 등의 의지적인 행동으로 인해 어떤 상황이 일어난 것을 나타내는 동사이다. 조사 「を」를 사용한다.

まどを開ける。 창문을 열다.

電気をつける。 불을 켜다.

電気でんき 전기
電気でんきをつける
　불을 켜다
後あと1時間じかん
　앞으로 한 시간 후
授業じゅぎょう 수업

## 3 자동사로도 타동사로도 사용 가능한 동사

일부 동사는 자동사로도 타동사로도 사용 가능한 경우가 있다. 이런 동사에는 「開ひらく」, 「終おわる」, 「笑わらう」, 「吹ふく」 등이 있다.

ドアが開く/ドアを開く。 문이 열리다/문을 열다.

人が笑う/人を笑う。 사람이 웃다/사람을 비웃다.

後1時間で、授業が終わります。 한 시간 후면 수업이 끝납니다.

これで授業を終わります。 이것으로 수업을 마치겠습니다.

# 2 자동사와 타동사의 관계

자동사와 타동사는 「閉しまる:閉しめる」와 같이 공통된 한자를 공유하며 쌍을 이루며 대응하는 경우가 있다. 또한 「ある」, 「いる」 등과 같이 자동사만 있는 동사와, 「思おもう」, 「考かんがえる」 등과 같이 타동사만 있거나, 「人ひとが笑わらう:人を笑う」와 같이 자동사와 타동사 양쪽으로 모두 쓰이는 경우가 있다.

| 쌍을 이루며 대응이 있는 동사 | | 자동사뿐인 동사 | 타동사뿐인 동사 | 양쪽으로 모두 쓰이는 동사 |
|---|---|---|---|---|
| 자동사 | 타동사 | ある 있다 | 思う 생각하다 | 開く 열리다/열다 |
| 閉まる 닫히다 → | 閉める 닫다 | いる 있다 | 考える 생각하다 | 終わる 끝나다/끝내다 |
| 付く 붙다 → | 付ける 붙이다 | 来る 오다 | 飲む 마시다 | 増す 늘다/늘리다 |
| 決まる 정해지다 → | 決める 정하다 | 行く 가다 | 食べる 먹다 | 笑う 웃다/비웃다 등 |
| 変わる 바뀌다 → | 変える 바꾸다 | 死ぬ 죽다 | 書く 쓰다 | |
| 直る 고쳐지다 → | 直す 고치다 | 走る 달리다 | 着る 입다 | |
| 割れる 깨지다 → | 割る 깨다 | 咲く 피다 | 植える 심다 | |
| 入る 들어가다 → | 入れる 넣다 | 分かる 알다 등 | 投げる 던지다 | |
| 落ちる 떨어지다 → | 落とす 떨어뜨리다 등 | | 読む 읽다 등 | |

# 3 자동사·타동사 구별하는 방법

자동사와 타동사의 대응이 있는 동사는 형태상의 특징에 따라 크게 다음의 4가지로 나눌 수 있다.

## ① 동일 한자의 동사가 「あ단+る」와 「え단+る」로 되어 있는 경우

| 자동사 | | 타동사 | |
|---|---|---|---|
| 上がる | 오르다 | 上げる | 올리다 |
| 集まる | 모이다 | 集める | 모으다 |
| 始まる | 시작되다 | 始める | 시작하다 |
| 決まる | 정해지다 | 決める | 정하다 |
| 止まる | 멈추다 | 止める | 세우다 |
| 閉まる | 닫히다 | 閉める | 닫다 |
| 見つかる | 발견되다 | 見つける | 발견하다 |
| 下がる | 내려가다 | 下げる | 내리다 |
| 曲がる | 구부러지다 | 曲げる | 구부리다 |
| 変わる | 바뀌다 | 変える | 바꾸다 |
| 掛かる | 걸리다 | 掛ける | 걸다 |
| 助かる | 살아나다 | 助ける | 살리다 |

## ② 동일 한자의 동사가 「え단+る」와 「-る」로 되어 있는 경우

| 자동사 | | 타동사 | |
|---|---|---|---|
| 売れる | 팔리다 | 売る | 팔다 |
| 取れる | 잡히다 | 取る | 잡다 |
| 切れる | 끊어지다 | 切る | 끊다 |
| 焼ける | 불에 타다 | 焼く | 불에 태우다 |
| 割れる | 깨지다 | 割る | 깨다, 나누다 |
| 折れる | 접히다, 꺾어지다 | 折る | 접다, 꺾다 |
| 見える | 보이다 | 見る | 보다 |

## ❸ 동일 한자의 동사가 「-る」와 「-す」로 되어 있는 경우

| 자동사 | | 타동사 | |
|---|---|---|---|
| 落ちる | 떨어지다 | 落とす | 떨어뜨리다 |
| 起きる | 일어나다 | 起こす | 일으키다 |
| 出る | 나가다, 나오다 | 出す | 내다 |
| 伸びる | 늘다, 자라다 | 伸ばす | 늘리다, 펴다 |
| 流れる | 흐르다 | 流す | 흘리다 |
| 増える | 늘다 | 増やす | 늘리다 |
| 冷える | 식다 | 冷やす | 식히다 |
| 減る | 감소하다 | 減らす | 줄이다 |
| 壊れる | 부서지다 | 壊す | 부수다 |
| 直る | 고쳐지다 | 直す | 고치다 |
| 残る | 남다 | 残す | 남기다 |
| 回る | 돌다 | 回す | 돌리다 |
| 渡る | 건너다 | 渡す | 건네주다 |
| 沸く | 끓다 | 沸かす | 끓이다 |

\* 「出でる」는 조사 「から」 이외에도 조사 「を」를 취하지만 자동사이다.
　教室を出た。 교실을 나왔다.

## ❹ 동일 한자의 동사가 「う단」과 「え단+る」로 되어 있는 경우

| 자동사 | | 타동사 | |
|---|---|---|---|
| 開く | 열리다 | 開ける | 열다 |
| 空く | 비다 | 空ける | 비우다 |
| 育つ | 자라다 | 育てる | 키우다 |
| 立つ | 서다 | 立てる | 세우다 |
| 進む | 나아가다 | 進める | 진행시키다 |
| 続く | 계속되다 | 続ける | 계속하다 |
| 並ぶ | 늘어서다 | 並べる | 나열하다 |
| 入る | 들어가다 | 入れる | 넣다 |

\* 형태적으로는 위의 표와 동일하나 「聞く(듣다)」, 「焼く(태우다)」, 「抜く(빼다)」 등의 동사들은 「う단」으로 끝나지만 타동사이다. 즉 예외적인 형태라고 볼 수 있다.

| 자동사 | | 타동사 | |
|---|---|---|---|
| 聞こえる | 들리다 | 聞く | 듣다 |
| 焼ける | 구워지다, 타다 | 焼く | 굽다, 태우다 |
| 抜ける | 빠지다 | 抜く | 빼다 |

## 4 자동사·타동사의 표현상 특징

일본인은 자신의 의지를 강하게 내세우는 표현을 피하려는 경향이 있다. 예를 들어 자신이 결혼하게 되었음을 타인에게 알리는 경우, 타동사를 이용한 표현인 「~ことにする ~하기로 하다」를 쓰지 않고 자동사를 이용한 「~ことになる ~하게 되다」를 사용한다.

結婚することにしました。 결혼하기로 했습니다.
結婚することになりました。 결혼하게 되었습니다.

또한 엘리베이터나 지하철 같은 공공장소에서의 안내방송에서도 타동사를 이용한 「ドアを閉める 문을 닫다」라는 표현보다는 「ドアが閉まる 문이 닫히다」라는 자동사 표현을 선호하는 경향이 있다.

8階に止まります。 8층에 섭니다.
ドアが閉まりますのでご注意ください。 문이 닫히니 조심하세요.
ドアが開きます。 문이 열립니다.

**WORD**
注意ちゅうい 주의
ご~ください
~해 주십시오

# 연습문제

**1.** 다음 빈칸에 들어갈 알맞은 말을 고르시오.

① 暑くて窓＿＿＿＿＿＿。
　① が開いた　　② が開けた　　③ を開けた　　④ を開いた

② 出かける前に電気＿＿＿＿＿＿。
　① が消えました　② が消しました　③ を消えました　④ を消しました

③ (テーブルから落ちて)卵＿＿＿＿＿＿。
　① が割りました　② が割れました　③ を割りました　④ を割れました

④ 彼女は涙＿＿＿＿＿＿、その歌を歌った。
　① が流れながら　② が流しながら　③ を流しながら　④ を流れながら

**2.** 다음 문장을 읽고 「が」와 「を」중 알맞은 조사를 고르시오.

① 鍵 {が/を} なくして家に入れなかった。
② 飲みすぎて胃 {が/を} 壊してしまいました。
③ トイレのドア {が/を} 閉まったまま開かなくなった。
④ 就職 {が/を} 決まりました。

**3.** 다음 문장 중 자동사문은 타동사문으로, 타동사문은 자동사문으로 바꾸시오.

① 仕事を始める → 仕事が（　　　）
② お湯が沸く → お湯を（　　　）
③ 問題を起こす → 問題が（　　　）
④ 学生が集まる → 学生を（　　　）
⑤ 子供を育てる → 子供が（　　　）

---

**WORD**
出でかける 외출하다 | 卵たまご 달걀 | ～ながら ~면서 | 鍵かぎ 열쇠 | 飲のみすぎる 과음하다 | なくす 잃어버리다

# UNIT 06

# 조사1 (助詞1)

조사란 단어나 문장 뒤에 붙어서 문법관계를 표시하거나 부가적인 의미를 더해주는 역할을 한다. 단독으로 사용되지 않으며 활용하지 않는다는 특징이 있다.

1. 격조사
2. 병렬조사
3. 접속조사

# 1 격조사

격조사란 명사 뒤에 붙어서 술어와 그 명사와의 의미관계를 나타내는 조사를 말한다. 일본어에는 「が, を, に, へ, と, から, より, まで, で」의 9개의 격조사가 있다.

## 1 が격

술어가 동사일 경우 「が」는 동작의 주체를 나타내지만, 술어가 「な형용사」일 경우 「が」는 상태를 가지고 있는 주체를 나타낸다. 또한 가능동사나 희망을 나타내는 표현이 술어로 올 경우에는 한국어로 「~을 할 수 있다/~을 하고 싶다」로 해석되지만 일본어의 조사는 「~ができる/~が~たい」로 나타낸다.

(1) 주어(~이, ~가)

昨日友だちが来ました。 어제 친구가 왔습니다.

(2) 「な형용사」의 상태의 주체 : 「好きだ 좋아하다」, 「嫌いだ 싫어하다」, 「上手だ 잘하다」, 「下手だ 서투르다」, 「得意だ 잘하다/자신있다」, 「苦手だ 못하다/서투르다」 는 조사 「が」를 취한다.

私は魚が好きです。 저는 생선을 좋아합니다.

歌が上手ですね。 노래를 잘하네요.

(3) 가능, 희망의 대상 : 가능(できる), 희망(~たい)의 경우 그 대상은 조사 「が」로 나타낸다.

日本語ができる。 일본어를 할 수 있다.

日本語が話したい。 일본어를 말하고 싶다.

## 2 を격

동작이나 작용의 대상을 나타낸다. 술어가 이동을 나타내는 동사인 경우 출발점이나 분리점, 이동경로 등을 나타내기도 한다.

(1) 동작의 대상(~을, ~를)

私はパンを食べました。 나는 빵을 먹었습니다.

お湯を沸かす。 물을 끓이다.

(2) 동작의 출발점이나 분리점

学校を出発しました。 학교를 출발했습니다.

高校の時、親を離れて住んでいました。
고등학교 때, 부모님과 떨어져서 살았습니다.

(3) 동작이 행해지는 장소나 통과하는 장소(~을, ~를)

駅の前を通ります。 역 앞을 지납니다.

角を曲がる。 모퉁이를 돌다.

## 3 に격

(1) 위치, 장소(~에)

テレビの上に電話があります。
텔레비전 위에 전화가 있습니다.

駅前に新しいレストランができました。
역 앞에 새 음식점이 생겼습니다.

(2) 시점(~에)

毎日7時に起きます。 매일 7시에 일어납니다.

お客さんが来る前に掃除を済ませる。
손님이 오기 전에 청소를 끝마친다.

むすめは1998年に生まれました。 딸은 1998년에 태어났습니다.

(3) 동작이나 작용의 대상(~에게, ~한테)

子供に絵本を買ってあげました。 아이에게 그림책을 사 주었습니다.

(4) 방향이나 목적지, 도착점(~에, ~(으)로)

電車に乗る。 전철을 타다.

来年カナダに行くつもりです。 내년에 캐나다에 갈 작정입니다.

(5) 변화의 결과(~(으)로)

秋になりました。 가을이 되었습니다.

葉っぱが赤い色に変わった。 잎이 빨간색으로 변했다.

出発 しゅっぱつする 출발하다
親 おや 부모
通 とおる 통과하다, 지나가다
~を済 すませる ~를 끝내다
~てあげる ~해 주다
電車 でんしゃ 전철
葉 っぱ 나뭇잎, 잎사귀
~に変 かわる ~로 바뀌다

## 4 で격

(1) 동작이 이루어지는 장소(~에서)

公園でテニスをします。 공원에서 테니스를 칩니다.

喫茶店でコーヒーを飲みます。 찻집에서 커피를 마십니다.

(2) 수단, 방법(~(으)로)

はしでごはんを食べます。 젓가락으로 밥을 먹습니다.

バスでデパートへ行きます。 버스로 백화점에 갑니다.

(3) 원인, 이유(~(으)로, ~(으)로 인해, ~때문에)

病気で学校を休みました。 병으로 학교를 쉬었습니다.

雨でどこへも行かなかった。 비 때문에 아무 데도 가지 않았다.

(4) 수량

二つで600円です。 두 개에 600엔입니다.

三人で中国へ行きました。 셋이서 중국에 갔습니다.

(5) 재료 (~(으)로)

あの人形は紙で作りました。 저 인형은 종이로 만들었습니다.

## 5 へ격

방향(~에, ~으로)

私は来週ヨーロッパへ行きます。 나는 다음 주 유럽에 갑니다.

学校の近くのアパートへ引っ越します。 학교 근처의 아파트로 이사합니다.

## 6 と격

(1) 열거(~와, ~과)

つくえの上に本とノートがあります。 책상 위에 책과 노트가 있습니다.

紙と鉛筆がほしい。 종이와 연필이 필요하다.

(2) 동작의 공동(~와, ~과)

弟とけんかをしました。 남동생과 싸움을 했습니다.

兄と夏休みの旅行計画を立てました。
형과 여름방학 여행 계획을 세웠습니다.

**WORD**

病気びょうき 병
人形にんぎょう 인형
紙かみ 종이
ヨーロッパ 유럽
引ひっ越こす 이사하다
喧嘩けんか 싸움
計画けいかくを立たてる 계획을 세우다

## 7 から격

(1) 장소 기점(~에서, ~(으)로부터)
東京**から**大阪まで行きます。 도쿄에서 오사카까지 갑니다.

ジョンさんはアメリカ**から**来ました。 존 씨는 미국에서 왔습니다.

(2) 시간 기점(~에서, ~부터)
授業は9時**から**4時までです。 수업은 9시부터 4시까지입니다.

(3) 원료 (~(으)로부터)
パンは小麦粉**から**作られる。 빵은 밀가루로 만들어진다.

(4) 판단의 근거
ここにある証拠**から**考えると、あの人が犯人に違いない。
여기에 있는 증거로 생각해보면, 저 사람이 범인임이 틀림없다.

## 8 より격

비교의 대상 (~보다)
このかばんのほうがあれ**より**丈夫に見える。
이 가방이 저것보다 튼튼하게 보인다.

## 9 まで격

(1) 장소나 시간의 한도(~까지)
9時**まで**待っています。 9시까지 기다리고 있겠습니다.

会議が終わる**まで**一言も言わなかった。
회의가 끝날 때까지 한마디도 하지 않았다.

(2) 기한(~까지)
明日は9時**までに**学校に来てください。
내일은 9시까지 학교에 오세요.

あさって**までに**この手紙の返事を出してください。
모레까지 이 편지의 답장을 보내주세요.

* 「まで」와 「までに」의 차이점

「まで」는 동작이나 상태가 그 시점까지 계속되고 있음을 나타낸다. 영어의 「till」, 「until」에 해당한다.

「までに」는 기한을 나타내며 동작이나 상태가 그 시점에 완료됨을 나타낸다. 영어의 「by」, 「before」에 해당한다.

**WORD**

大阪 おおさか 오사카
小麦粉 こむぎこ 밀가루
証拠 しょうこ 증거
犯人 はんにん 범인
~に違ちがいない ~임에 틀림없다
丈夫 じょうぶだ 튼튼하다
一言 ひとこと 말 한마디
手紙 てがみ 편지

# 2 병렬조사

명사와 명사를 연결하는 조사로 「と」, 「や」, 「か」, 「とか」, 「の」가 있다.

## ❶ と

열거(~와, ~과)

昨日、田中さん**と**金さんに会いました。

어제 다나카 씨와 김○○ 씨를 만났습니다.

## ❷ や

열거(~(이)랑, ~(이)나)

箱の中に切手**や**はがきがあります。

상자 안에 우표랑 엽서가 있습니다.

教室に机や椅子**や**黒板などがあります。

교실에 책상이랑 의자랑 칠판 등이 있습니다.

## ❸ か

(1) 선택적 열거(~(이)나, ~든지)

今日**か**明日来てください。 오늘이나 내일 와 주세요.

映画**か**芝居を見よう。 영화나 연극을 보자.

(2) 불확실(~인지)

行く**か**行かない**か**、分かりません。

갈지 가지 않을지 모릅니다.

何年**か**前の出来事です。 몇 년 전인가의 사건입니다.

## ❹ とか

예시 열거(~든가) : 회화체에서 주로 쓰인다.

机の上に本**とか**ノート**とか**がいっぱい置いてあります。

책상 위에 책이라든가 노트라든가가 잔뜩 놓여 있습니다.

シャツ**とか**くつした**とか**、いろいろ買いました。

셔츠라든가 양말이라든가 여러 가지 샀습니다.

---

**WORD**

切手きって 우표
はがき 엽서
黒板こくばん 칠판
芝居しばい 연극
出来事できごと 생긴 일
シャツ 셔츠
靴下くつした 양말

## ⑤ の

(1) 명사와 명사를 연결(~의, 또는 해석 안함)

桜の木があります。 벚나무가 있습니다.

(2) 동격(~인)

あの方は社長の鈴木さんです。

저 분은 사장인 스즈키 씨입니다.

(3) 소유, 소속(~의, ~의 것)

それは山田さんのかばんです。

그것은 야마다 씨의 가방입니다.

これは会社のものですから、勝手に使ってはいけません。

이것은 회사 물건이기 때문에 마음대로 쓰면 안 됩니다.

(4) 명사대용(~의 것)

これは先生のです。

이것은 선생님의 것입니다.

帽子をかぶっているのは誰ですか。

모자를 쓰고 있는 사람은 누구입니까?

(5) 「が」의 대용 : 뒤의 명사를 수식하는 절(節)의 경우

私が住んでいる町 → 私の住んでいる町

내가 살고 있는 동네

**WORD**
桜さくらの木き 벚꽃
社長しゃちょう 사장
勝手かってに 제멋대로
帽子ぼうしをかぶる
　모자를 쓰다

# 3 접속조사

주로 활용하는 말에 붙어 앞뒤 문장을 이어준다.

## 1 ～て

(1) 단순접속(～고)

朝起きて、新聞を読みます。 아침에 일어나서 신문을 읽습니다.

あの人は背が高くて、やせている。 저 사람은 키가 크고 말랐다.

(2) 방법(～아(어)서)

この本を使って勉強をします。 이 책을 사용해서 공부를 합니다.

(3) 이유(～아(어)서)

新しい道ができて、便利になりました。 새 길이 생겨서 편리해졌습니다.

暗くてよく見えない。 어두워서 잘 보이지 않는다.

## 2 ～ながら

(1) 동시동작(～(으)면서)

笑いながら話します。 웃으면서 이야기합니다.

お茶を飲みながら、本を読んでいます。 차를 마시면서 책을 읽고 있습니다.

(2) 역접(～(으)면서, ～지만)

小さいながら機能はいっぱいですね。 작으면서도 기능은 많네요.

## 3 ～たり

(1) 반복(～았(었)다 ～았(었)다)

何回も書いたり消したりした。 몇 번이고 썼다 지웠다 했다.

行ったり来たりする。 왔다 갔다 한다.

(2) 열거(～기도 하고 ～기도 하고)

買い物をしたり、友だちに会ったりします。
쇼핑을 하기도 하고, 친구를 만나기도 합니다.

夏休みは海へ行って泳いだり、山に登ったりして過ごしました。
여름방학은 바다에 가서 수영하기도 하고, 산에 오르기도 하고 지냈습니다.

新聞しんぶん 신문
背せが高たかい 키가 크다
便利べんりだ 편리하다
お茶ちゃ 차
機能きのう 기능
何回なんかいも 몇번이나
過すごす 지내다, 보내다

## 4 ～し

두 가지 사항을 열거할 때 사용한다. 단순 접속을 나타내는 「～て ～고」와 달리 「A+し+B」의 경우 「A만이 아니고 B도」란 의미를 가진다.

(1) 첨가(～(이)기도 하고)

あの人は頭もいい**し**、体も丈夫です。 저 사람은 머리도 좋고, 몸도 튼튼합니다.

今日は雨も降っている**し**、風も強いですね。

오늘은 비도 오고, 바람도 강하네요.

(2) 이유(～(이)기도 하고, ～(이)기도 하니까)

もう遅い**し**、疲れたから、まっすぐうちに帰ろう。

이미 늦었고 피곤하니까 곧장 집으로 가자.

## 5 ～あと(で)

시간적 순서를 나타낼 때(～ㄴ(은) 후에) : 과거기본형(た형)과 연결

ゆっくり考えた**あとで**、専攻を決めました。

충분히 생각한 후에 전공을 정했습니다.

## 6 ～まえ(に)

시간적 순서를 나타낼 때(～기 전에) : 기본형(る형)과 연결

専攻を決める**まえに**、ゆっくり考えました。

전공을 결정하기 전에 충분히 생각했습니다.

## 7 ～から

원인, 이유(～(이)라서, ～기 때문에)

星が出ている**から**、明日もいい天気でしょう。

별이 떠 있으니까, 내일도 날씨가 좋겠지요.

危ない**から**気をつけてください。 위험하니까 조심하세요.

## 8 ～ので

원인, 이유를 나타낼 때(～(이)므로, ～아(어)서) : 「～から」와 달리 추량표현에는 접속할 수 없으며 명령, 권유, 의지 표현과도 같이 쓰이지 않는다.

彼女は目が悪い**ので**、眼鏡をかけています。

그녀는 눈이 나빠서 안경을 쓰고 있습니다.

その公園は静かできれいな**ので**、よく散歩に行きます。

그 공원은 조용하고 아름답기 때문에 자주 산책하러 갑니다.

**WORD**

体からだ 몸,신체
まっすぐ 곧장,곧바로
ゆっくり 천천히
専攻せんこう 전공
星ほし 별
眼鏡めがねをかける 안경을 쓰다
～に行いく ～하러 가다

## 9 ～ために

목적을 나타낼 때(～기 위해서)

買い物をするために、デパートに行きました。

쇼핑을 하기 위해서 백화점에 갔습니다.

## 10 ～ように

바람직한 상태나 상황을 말함으로써 목적을 나타낼 때(～도록, ～게)

初めての人でもわかるように、やさしく説明してくれました。

처음인 사람도 알 수 있도록 쉽게 설명해 주었습니다.

約束を忘れないように、ちゃんとメモしておきました。

약속을 잊어버리지 않게 잘 메모해 두었습니다.

## 11 ～けれど/～けれども/～けど

역접의 의미를 나타낼 때(～지만, 하지만)

頑張って勉強したけれど、試験には落ちました。

열심히 공부했지만 시험에는 떨어졌습니다.

## 12 ～が

(1) 역접(～(이)나, ～(이)지만)

この本はいいですが、高いです。 이 책은 좋지만 비쌉니다.

昼間は暖かくなったが、夜はまだ寒い。

낮은 따뜻해졌지만 밤은 아직 춥다.

(2) 전제조건(～ㄴ(는)데)

駅へ行きたいですが、道を教えてください。

역에 가고 싶은데, 길을 가르쳐 주세요.

田中ですが、中村さんはいますか。

다나카입니다만 나카무라 씨는 있습니까?

(3) 대립관계(～지만, ～하지만)

夏は暑いですが、冬は寒いです。 여름은 덥지만 겨울은 춥습니다.

(4) 희망, 바람(～인데, ～인데요) : 문장 끝에 위치한다.

明日も晴れてくれるといいですが。 내일도 맑았으면 좋겠는데.

お願いしたいことがあるんですが。 부탁드리고 싶은 일이 있는데요.

初はじめて 처음으로
説明せつめいする 설명하다
ちゃんと 제대로, 확실히
メモ 메모
～ておく ~해 두다
頑張がんばる
　분발하다, 버티다
昼間ひるま 주간
晴はれる 맑다

## UNIT 06 연습문제

**1.** 다음 (　) 안에 들어갈 알맞은 말을 고르시오.

① 朝早く散歩するの(　)好きです。

　① に　　　② で　　　③ が　　　④ を

② 図書館の前(　)通るバスはどれですか。

　① へ　　　② で　　　③ に　　　④ を

③ 1日(　)3回、薬を飲みます。

　① へ　　　② か　　　③ に　　　④ を

④ とても簡単な料理だから3分(　)できますよ。

　① に　　　② で　　　③ ほど　　　④ ぐらい

⑤ 上田さんは広い家(　)住んでいます。

　① に　　　② で　　　③ へ　　　④ を

⑥ お湯(　)沸かしてください。

　① で　　　② を　　　③ に　　　④ から

⑦ 風邪を引かない(　)気をつけてください。

　① ために　　　② から　　　③ ように　　　④ ので

⑧ A：週末どこかへ行きましたか。

　B：雨(　)どこへも行きませんでした。

　① に　　　② は　　　③ で　　　④ も

**2.** 다음 ( ) 안에 들어갈 알맞은 말을 보기에서 골라 써넣으시오.

> を   ながら   で   に   の   ために

① A：何を食べますか。
　 B：私はラーメン（　）します。

② 彼はいつも音楽を聞き（　）勉強する。

③ 地震（　）ビルが倒れました。

④ 田中さん（　）来る日は火曜日です。

**3.** 다음 문장을 읽고 바른 표현에는 ○를, 어색한 표현에는 표시를 하시오.

① 10時までに待っています。（　）

② このレポートは7時までに出してください。（　）

③ 夏休みに勉強したり、友だちと遊んだりしました。（　）

④ 学校の前に友だちと会った。（　）

**4.** 다음 문장의 문맥에 맞게 （ ） 안에 알맞은 조사를 써넣으시오.

① 私はすしが好きです（　）、姉はすしが好きではありません。

② 電車の事故があった（　）、授業に遅れた。

③ 仕事をする（　）、内容を確認してください。

④ 空港へ行きたいです（　）、どう行ったらいいですか。

⑤ バス（　）乗って学校に行きます。

**WORD**
散歩さんぽする 산책하다 | 地震じしん 지진 | 遅おくれる 늦다 | 確認かくにん 확인 | 空港くうこう 공항 | 料理りょうり 요리
事故じこ 사고 | 内容ないよう 내용

# 시간관계를 나타내는 표현

시간관계를 나타내는 표현은 크게 시간적 전후관계를 나타내는 텐스(tense)와 시간적 성질을 나타내는 아스펙트(aspect)로 나뉜다.

1. 텐스(tense)
2. 아스펙트(aspect)

# 1 텐스 tense

텐스는 그 문장이 말하여지는 때(발화시)와 그 문장에서 나타내는 사항(=사건)의 시간적 전후관계를 나타낸다. 사건이 발화시보다 이전의 일이라면 과거, 발화시와 동시의 일이라면 현재, 발화시 이후의 일이라면 미래가 되는 것이다.

일본어에서 텐스는 「る형」과 「た형」으로 구별된다. 여기에서 「る형」이란 과거를 제외한 현재와 미래를 말하며, 「た형」이란 과거를 나타낸다.

|  | る형 | た형 |
| --- | --- | --- |
| 동사 | ~る<br>~ます<br>~ません<br>~ない | ~た<br>~ました<br>~ませんでした<br>~なかった(です) |
| い형용사 | ~い(です)<br>~くない(です)<br>~くありません | ~かった(です)<br>~くなかった(です)<br>~くありませんでした |
| 명사<br>な형용사 | ~です<br>~だ<br>~である<br>~ではありません<br>~ではない | ~でした<br>~だった<br>~であった<br>~ではありませんでした<br>~ではなかった(です) |

다음의 예문에서 「た형」은 모두 과거를 나타낸다.

동작성 동사 : 田中さんはカフェーでコーヒーを飲んだ。
　　　　　　다나카 씨는 카페에서 커피를 마셨다.

상태 동사 : 外に猫がいた。
　　　　　밖에 고양이가 있었다.

형용사 : このキムチはおいしかった。
　　　　이 김치는 맛있었다.

명사 : 木村さんは学生だった。
　　　기무라 씨는 학생이었다.

カフェー 카페
外 そと 밖
猫 ねこ 고양이
キムチ 김치

「た형」이 모두 과거를 나타내는 데에 비해,「る형」은 술어에 따라 시제가 달라진다.「飲む」와 같은 동작성동사의「る형」은 미래를 나타낸다.「ある」,「いる」,「できる」 등과 같은 상태동사와「要る」,「思う」 및 형용사와 명사의「る형」은 현재를 나타낸다.

동작성 동사 : 田中さんはカフェーでコーヒーを飲む。
　　　　　　다나카 씨는 카페에서 커피를 마신다.

상태 동사 : 外に猫がいる。
　　　　　밖에 고양이가 있다.

형용사 : このキムチはおいしい。
　　　　이 김치는 맛있다.

명사 : 木村さんは学生だ。
　　　기무라 씨는 학생이다.

\* 동작성동사가 현재를 나타내기 위해서는「〜ている」의 형태를 취한다.
　田中さんはカフェーでコーヒーを飲んでいます。
　다나카 씨는 카페에서 커피를 마시고 있습니다.

# 2 아스펙트 aspect

아스펙트는 사건이 어떠한 국면에 있는지 그 시간적 성질을 나타낸다. 「개시·계속·종료」등의 종류가 있으며 동사에 한하여 사용된다. 여기서는 대표적인 「～ている」, 「～てある」를 중심으로 살펴보고자 한다.

## 1 ～ている, ～てある의 용법

(1) 동작의 진행 : 동작의 계속이나 진행을 나타낼 때에는 자동사/타동사 모두에 「～ている ～하고 있다」를 붙여 사용할 수 있다.

❶ 「～を+타동사+ている」 ～을 ～하고 있다 (동작의 진행)

字を書いている。 글씨를 쓰고 있다.

本を読んでいる。 책을 읽고 있다.

テレビを見ている。 텔레비전을 보고 있다.

❷ 「～が+자동사+ている」 ～이 ～하고 있다 (동작의 진행)

子供が泣いている。 아이가 울고 있다.

水が流れている。 물이 흐르고 있다.

(2) 현재의 상태(결과의 존속) : 현재의 상태란 동작이 종료(완료)된 상태가 지금까지도 계속되는 것을 나타낸다. 타동사에는 반드시 「～てある」를 써야 하며 이 때 타동사의 목적조사는 「が」로 바꿔 써야 한다. 자동사에는 「～ている」를 접속하여 나타낸다. 이때 자동사는 「死ぬ」, 「開く」, 「咲く」, 「落ちる」 등과 같은 순간동사이다.

❶ 「～が+타동사+てある」 ～이 ～아(어) 있다. (현재의 상태. 인위적 상태)

字が書いてある。 글씨가 쓰여 있다.

本がおいてある。 책이 놓여 있다.

窓がしめてある。 창문이 닫혀 있다.

❷ 「～が+자동사+ている」 ～이 ～아(어) 있다 (현재의 상태. 자연적인 상태)

花が咲いている。 꽃이 피어 있다.

服が汚れている。 옷이 더럽다.

人が死んでいる。 사람이 죽어 있다.

字 じ 글자
テレビ 텔레비전
水 みず 물
服 ふく 옷

❸ 「〜が+이동 동사+ている」 〜이 〜아(어) 있다. (현재의 상태, 완료)

みんな来ています。 모두 와 있습니다.

母はカナダに行っています。 엄마는 캐나다에 가 있습니다.

\* 모든 이동동사가 상태나 완료를 나타내는 것은 아니다.

道を歩いています。 길을 걷고 있습니다. (동작의 진행)
空を飛んでいます。 하늘을 날고 있습니다. (동작의 진행, 통과)

(3) 경험 : 「〜ている」가 과거의 경험을 나타내는 경우가 있다. 과거형으로 해석할 수도 있으며 「〜한 적이 있다」로도 해석할 수 있다.

私は日本へ3回行っている。 나는 일본에 세 번 갔다.
彼は3年前小説を書いている。 그는 3년 전 소설을 썼다.

(4) 습관·반복 : 「〜ている」는 주로 「いつも」, 「毎日」, 「よく」와 같은 말과 함께 사용되어 습관이나 반복의 의미를 나타내는 경우가 있다.

私は毎日英語の勉強をしている。 나는 매일 영어 공부를 하고 있다.
彼女はいつも怒っている。 그녀는 언제나 화내고 있다.

カナダ 캐나다
小説しょうせつ 소설
毎日まいにち 매일
いつも 항상

## 2 窓が開いている와 窓が開けてある의 의미 차이

「窓まどが開あいている」, 「窓まどが開あけてある」처럼 「자동사+ている」, 「타동사+てある」의 상태 표현에는 어떤 의미 차이가 있는지 살펴보도록 하자.

(1) 「窓が開いている」

「窓まどが開あいている」는 창문이 어떠한 상황에서 어느 정도 열렸는지, 누가 열었는지 등은 구체적으로 알 수 없다. 단지 이 문장에서 파악할 수 있는 것은 바람, 폭풍, 지진 등에 의해 저절로 창문이 열린 자연적인 상황까지 포함해서 결과적으로 창문이 열려 있다는 것에 중점을 둔 표현이다.

(2) 「窓が開けてある」

「窓まどが開あけてある」는 누군가가 의도적으로 창문을 열어 놓았다는 것을 암시하는 문장이다. 인위적으로 누군가가 창문을 열어둔 상태를 의미한다.

## 3 그 밖의 ている의 용법

(1) 「착용동사　ている」

「かぶる 쓰다」, 「着る 입다」, 「履く 신다」, 「かける 걸치다」 등의 착용의 의미를 나타내는 동사들은 진행과 상태의 의미로 둘 다 쓰일 수 있지만, 주로 현재 착용한 상태를 나타내는 경우가 많다.

彼女はサングラスをかけています。 그녀는 선글라스를 쓰고 있습니다.

帽子をかぶっています。 모자를 쓰고 있습니다.

彼はいつもスーツを着ています。 그는 언제나 슈트를 입고 있습니다.

(2) 「知る　結婚する　愛する　住む　ている」

「知る 알다」, 「結婚する 결혼하다」, 「愛する 사랑하다」, 「住む 살다」 등의 동사는 항상 「ている」를 붙여 사용하여야 한다.

私はあなたを愛しています。 나는 당신을 사랑하고 있습니다.

日本に住んでいます。 일본에 살고 있습니다.

* 「知っています」의 부정형은 「知っていません」으로 쓰지 않으니 주의가 필요

A : 彼の電話番号を知っていますか。 그의 전화번호를 알고 있습니까?

B : いいえ、知りません。 아니요, 모릅니다.

## 4 아스펙트적 성질에 따른 동사의 분류

일본어의 동사는 아스펙트적인 성질에 따라 상태동사, 동작동사, 순간동사 등으로 나눌 수 있다. 이들은 「～ている」를 취할 수 있는 동사와 취할 수 없는 동사가 있다. 다음의 분류를 통해 구체적으로 알아보도록 하겠다.

(1) 상태동사 : 현재의 상태를 나타내는 「ある 있다」, 「要る 필요하다」, 「居る 있다」, 「できる 할 수 있다」 등의 동사는 「～ている」를 붙일 수 없다.

本がある。(○) 책이 있다

本があっている。(×)

(2) 동작(계속)동사 : 어떤 시간 내에 계속해서 행해지는 동작과 작용을 나타낸다. 「～ている」를 붙여 어떤 동작이 동작중임을 나타낸다.

❶ 인간의 동작을 나타내는 것 : 読む 읽다, 書く 쓰다, 笑う 웃다, 泣く 울다 등

❷ 자연현상을 나타내는 것 : 散る 떨어지다, 降る 내리다 등

---

**WORD**

彼女かのじょ 그녀
サングラス 선글라스
帽子ぼうし 모자
彼かれ 그
スーツ 슈트
電話番号でんわばんごう 전화번호

(3) 동작(순간)동사 : 순간적으로 끝내버리는 동작이나 작용을 나타낸다. 「~ている」를 붙여 동작, 작용이 끝나고 「그 결과가 남아 있는 것」을 나타낸다.

死ぬ 죽다　　届く 닿다/도착하다　　終わる 끝나다
決まる 정해지다　　見つかる 발견되다　　始まる 시작되다
(電気が)つく 전기가 들어오다 등

(4) 「~ている」가 연결된 상태로 사용하는 동사 : 사람이나 사물의 성질이나 상태를 나타내는 말로 형용사에 가까운 동사인 「そびえる 높이 치솟다」, 「すぐれる 뛰어나다」, 「とがる 뾰족해지다」, 「ありふれる 흔하다」, 「似る 닮다」 등은 「~ている」와 결합된 형태로만 사용하고 「る형」은 사용할 수 없다.

娘は父に似る。(×)
娘は父に似ている。(○) 딸은 아버지와 닮았다.

(5) 「ている형」과 「る형」이 의미가 동일한 동사 : 「反する 반하다」, 「違う 다르다」, 「異なる 다르다」, 「属する 속하다」 등의 동사와 같이 「る형」과 「ている형」이 거의 동일한 의미로 사용되는 동사가 있다.

そんなやり方は法律に反する。 그런 방법은 법률에 반한다.
そんなやり方は法律に反している。 그런 방법은 법률에 반하고 있다.

娘 むすめ 딸
父 ちち 아버지
やり方 かた 방법
法律 ほうりつ 법률

한국에서는 결혼의 유무를 물을 때 「결혼했습니까」라고 표현하지만, 일본어에서는 항상 「結婚けっこんしていますか」의 형태로 물어야 한다. 만약 「結婚しましたか 결혼했습니까?」로 묻게 된다면 과거에 결혼한 적이 있는가(이혼한 경우)를 묻는 말이 되므로 주의해서 사용하도록 하자! 단 「去年きょねん、結婚しました」처럼 과거의 어떤 시점에 결혼식을 했다는 뜻으로 사용할 경우에는 과거형으로 사용할 수 있다. 또한 「いつ」「どこで」「誰だれと」 등의 말들과 함께 쓰이는 경우에도 사용할 수 있다.

A : 田中たなかさんは結婚けっこんしていますか。 다나카 씨는 결혼했습니까?
B : はい、結婚しています。 네, 결혼했습니다.
　　いいえ、結婚していません。 아니요, 결혼하지 않았습니다.

## 연습문제

**1.** 다음 밑줄 친 부분이 현재와 미래 중 어느 쪽에 해당하는지 알맞은 답을 고르시오.

1. 彼は行かないと思う。　{① 현재　② 미래}
2. パソコンが壊れている。　{① 현재　② 미래}
3. これから仕事に行きます。　{① 현재　② 미래}
4. 母なら、洗濯をしています。　{① 현재　② 미래}
5. 私はお腹が痛い。　{① 현재　② 미래}
6. ものはいつか壊れる。　{① 현재　② 미래}

**2.** 다음 「~ている」가 어느 용법에 해당하는지 알맞은 답을 고르시오.

1. 毎日、朝7時に起きて、散歩をしている。

   ① 동작의 진행　② 반복　③ 경험　④ 현재의 상태

2. なんかおかしいなぁ。ドアがずっと開いているね。

   ① 동작의 진행　② 반복　③ 경험　④ 현재의 상태

3. 私は村上春樹の小説を全部読んでいる。

   ① 동작의 진행　② 반복　③ 경험　④ 현재의 상태

4. 田中さんは手紙を書いている。

   ① 동작의 진행　② 반복　③ 경험　④ 현재의 상태

5. あ、雨が降っている。

   ① 동작의 진행　② 반복　③ 경험　④ 현재의 상태

6. あ、どうしよう。自転車パンクしている。

   ① 동작의 진행　② 반복　③ 경험　④ 현재의 상태

**3.** 다음 대화문의 문맥에 맞게 알맞은 답을 고르시오.

**1** A : ＜午後1時ごろ＞ 昼ごはん食べましたか。

B : いいえ、まだ＿＿＿＿＿＿＿＿＿＿。

① 食べていません　　　　② 食べませんでした
③ 食べます　　　　　　　④ 食べました

**2** A : ＜午後5時ごろ＞ 昼ごはん食べましたか。

B : いいえ、＿＿＿＿＿＿＿＿＿＿。

① 食べていません　　　　② 食べませんでした
③ 食べました　　　　　　④ 食べないです

**3** A : 中村さんは結婚していますか。

B : はい、＿＿＿＿＿＿＿＿＿＿。

① 結婚しました　　　　　② 結婚しています
③ 結婚します　　　　　　④ 結婚しませんでした

**4** A : 中村さんは結婚していますか。

B : いいえ、まだ＿＿＿＿＿＿＿＿＿＿。

① 結婚していません　　　② 結婚しませんでした
③ 結婚しています　　　　④ 結婚しました

**4.** 다음 문장 중 「～てある」문은 「～ている」문으로, 「～ている」문은 「～てある」문으로 바꾸시오.

① トイレのドアが壊れている。
→ _____

② 木の枝が折ってある。
→ _____

③ 家の前に車が止めてある。
→ _____

④ 駅前に高いビルが建っている。
→ _____

⑤ 窓が開けてある。
→ _____

---

**WORD**

壊こわれる 고장나다, 부서지다 | 洗濯せんたく 세탁 | お腹なかが痛いたい 배가 아프다 | ずっと 쭉, 계속 | 全部ぜんぶ 전부
パンクする 펑크 나다 | 枝えだ 나뭇가지 | 折おる 접다, 꺾다 | 建たつ 서다, 세워지다 | ビル 건물

# 수동(受動)

수동표현이란 사람이나 사물이 외부의 동작이나 작용에 의해 영향을 받았을 때, 그것을 동작주가 아닌 피동작주의 입장에서 「〜에게 〜을 당하다」의 의미로 기술하는 표현방법이다.

1. 능동문과 수동문
2. 수동문의 접속 방법
3. 수동문의 종류
4. 수동문의 기능

# 1 능동문과 수동문

능동문은 화자가 동작주의 관점에서 문장을 기술하는 방식인데 비하여 수동문은 화자가 어떤 동작으로부터 영향을 받은 사람의 관점에서 문장을 기술하는 방식이다. 능동문과 수동문 사이에는 동사의 형태가 바뀌며, 이와 함께 동작에 관여한 명사들을 표시하는 조사에도 변화가 있다.

능동문 : 母が兄をしかった。
　　　　엄마가 형을 혼냈다. (동작주인 어머니의 입장에서 기술)

수동문 : 兄が母にしかられた。
　　　　형이 엄마에게 혼났다. (동작의 영향을 받은 형의 입장에서 기술)

# 2 수동문의 접속 방법

수동문은 동사의 활용의 종류에 따라 「〜れる」나 「〜られる」를 접속하여 만든다.

| | 접속 방법 | 예시 | | |
|---|---|---|---|---|
| 1그룹 동사 | 동사의 어미 「う」단을 「あ」단으로 바꾸고 「れる」를 붙인다. 단, 어미가 「う」로 끝나는 동사는 「う」를 「わ」로 바꾸고 「れる」를 붙인다. | 書く | 書か+れる | 書かれる |
| | | 吸う | 吸わ+れる | 吸われる |
| 2그룹 동사 | 동사의 어미 「る」를 없애고 「られる」를 붙인다. | 食べる | 食べ+られる | 食べられる |
| | | 見る | 見+られる | 見られる |
| 3그룹 동사 | 불규칙적인 활용을 하므로 다음과 같이 암기하자. | 来る | 来+られる | 来られる |
| | | する | | される |

* 「来られる」는 「옴을 당하다」의 의미지만 우리말로 해석할 때는 「오다」로 해석한다.
　「される」는 「당하다, 되다, 받다」 등으로 해석한다

# 3 수동문의 종류

수동문은 크게 「직접 수동문」, 「간접 수동문」, 「소유자 수동문」으로 나눌 수 있다.

## 1 직접 수동문

타동사가 술어로 쓰인 능동문은 이에 대응하는 수동문을 가지고 있다. 이런 수동문을 직접 수동문이라고 한다.

(1) 사람이나 동물이 주어인 경우

기본적으로 타동사가 사용된다. 수동문을 만드는 방법은 다음과 같다.

❶ 능동문의 목적어(弟)를 수동문에서 주어로 한다.
❷ 능동문의 주어(母)는 수동문에서는 조사 「に(~에게/~한테)」, 「から」, 「によって」를 취한다.
❸ 동사는 수동형(~れる, ~られる)으로 만든다.

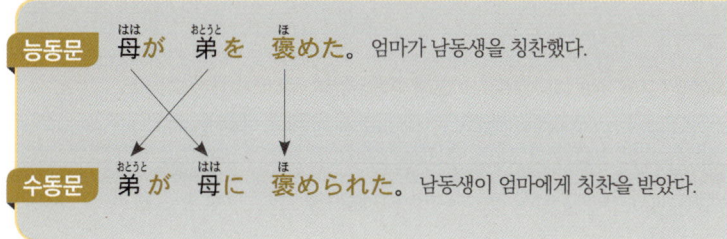

| WORD |
| --- |
| 褒ほめる 칭찬하다 |
| 開ひらく 열다, 열리다 |

(2) 무생물이 주어로 사용된 경우

직접 수동문의 일종으로 무생물을 주어로 하는 수동형이다. 일반적인 사실을 진술하거나 특정한 동작주가 없거나 혹은 동작주를 명시할 필요가 없을 때 사용한다.

능동문 オリンピックを4年ねんごとに開ひらく。 올림픽을 4년마다 개최한다.
수동문 オリンピックは4年ねんごとに開ひらかれる。 올림픽은 4년마다 개최된다.

동작주는 명시되지 않는 경우가 많지만 표현할 경우에는 주로 「~によって」가 사용된다.

능동문 橋はしをかけた。 다리를 놓았다.
수동문 橋はしがかけられた。 다리가 놓였다.
동작주를 명시할 경우 (国くにによって) 橋はしがかけられた。
　　　　　　　　　　나라에 의해 다리가 놓였다.

직접 수동문은 대부분 타동사가 이용되지만 「声をかける」, 「質問する」, 「噛み付く」와 같이 조사 「に」를 취하는 자동사도 직접 수동문으로 만들 수 있다.

> **WORD**
> 噛み付く 달려들어 물다
> 騒ぐ 소란 피우다
> 鍵をかける 자물쇠를 잠그다

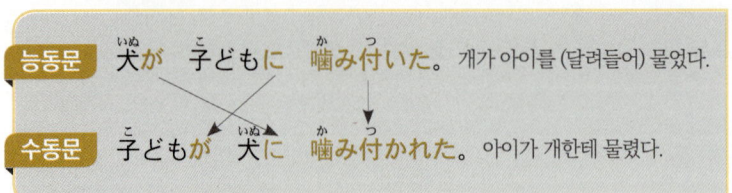

## ❷ 간접 수동문

직접 수동문과는 달리 대응하는 능동문을 갖지 않는다. 즉 능동문에는 없는 주어가 수동문에서는 주어로 나타난다. 주어의 위치에는 사람이 오며, 이 주어는 어떤 사건의 영향을 받아 피해의식을 가지고 있기 때문에 「피해의 수동」이라고도 한다. 간접 수동문은 자동사와 타동사 양쪽 다 만들 수 있다.

(1) 자동사의 경우

❶ 능동문에 존재하지 않던 주어가 수동문의 주어(私は)로 나타난다.
❷ 능동문의 주어에 붙는 조사 「が」는 수동문에서는 조사 「に」를 사용한다.
❸ 해석은 능동문과 같지만 「나는 옆집 사람이 소란을 피워 잠을 제대로 못 잤거나 공부를 제대로 못했다」 등의 피해를 받았다는 의미로 사용된다. 예를 들어 「父に早く死なれた 아버지를 일찍 여의었다」라는 문장은 아버지를 일찍 여의어 성장 과정에서 고생을 많이 했다는 피해의 의식을 가지고 있다는 점을 부각시켜 말하고 있는 인상을 준다.

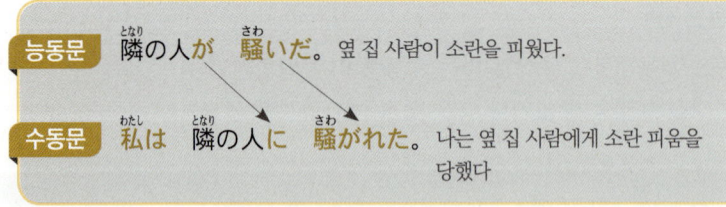

(2) 타동사의 경우

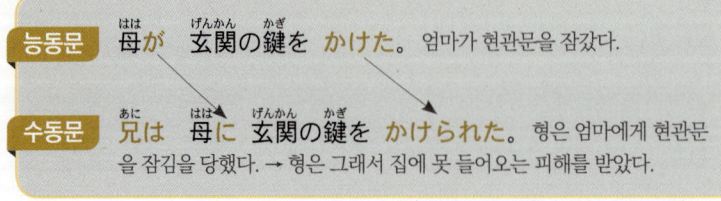

## 3 소유자 수동문

소유자 수동문은 수동문 주어의 신체의 일부나 소유물, 관련자(친척) 등이 무언가에 의해서 영향을 받았을 때 사용하는 표현이다. 일반적으로 타동사가 사용되며 「피해를 받았다」는 의미로 많이 사용되지만 긍정의 의미로도 쓰일 수 있다.

(1) 소유자 수동문의 부정의 의미

❶ 능동문 목적어의 소유자(私の)를 수동문에서 주어(私は)로 한다.
❷ 능동문의 주어에 붙는 조사 「が」는 수동문에서는 조사 「に, から」를 사용한다.
❸ 능동문과 수동문의 목적어의 변화는 없다.(頭あたまを → 頭を)

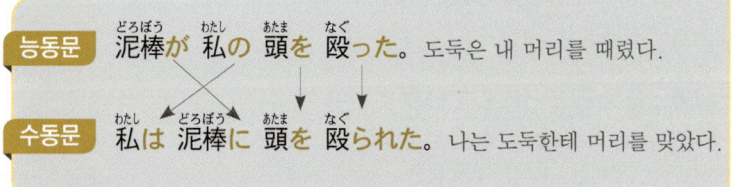

능동문 泥棒が 私の 頭を 殴った。 도둑은 내 머리를 때렸다.
수동문 私は 泥棒に 頭を 殴られた。 나는 도둑한테 머리를 맞았다.

**WORD**
泥棒どろぼう 도둑
殴なぐる 때리다
褒ほめる 칭찬하다

(2) 소유자 수동문의 긍정의 의미

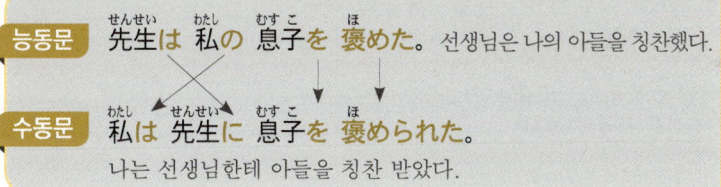

능동문 先生は 私の 息子を 褒めた。 선생님은 나의 아들을 칭찬했다.
수동문 私は 先生に 息子を 褒められた。
나는 선생님한테 아들을 칭찬 받았다.

* 동사 중에는 다음과 같이 간접 수동문을 만들 수 없는 동사가 있으니 주의하도록 하자.
  ① 능력을 나타내는 동사 : 「できる 할 수 있다」 및 동사의 가능형
  ② 자발적 의미를 갖는 동사 : 「見える 보이다」, 「聞こえる 들리다」, 「売れる 팔리다」 등
  ③ 상태동사 : 「ある 있다」, 「要る 필요하다」 등
  ④ 이미 수동적 의미를 갖고 있는 동사 : 「教わる 배우다」, 「見つかる 발견되다」 등

# 4 수동문의 기능 – 왜 수동문을 사용하는가?

(1) 동작주보다는 동작을 받는 쪽에 대해 진술하고자 하는 경우

川上投手は松井選手を三振に打ち取った。

가와카미 투수는 마쓰이 선수를 삼진으로 잡았다.

→ 松井選手は川上投手に三振に打ち取られた。

마쓰이 선수는 가와카미 선수에게 삼진으로 잡혔다.

(2) 복문의 경우 전건의 주어와 후건의 주어를 맞출 필요가 있는 경우

みんなに愛されて、彼女は幸せそうだった。

모두에게 사랑받아서 그녀는 행복한 듯 했다.

年齢を聞かれると29歳と答えることにしています。

누가 나이를 물으면 29살이라고 대답하기로 하고 있습니다.

(3) 동작주가 불분명한 경우

この歌は広く歌われている。 이 노래는 널리 불리고 있다.

(4) 불특정한 사람이 어떤 동작을 하고 화자가 그 동작을 받는 경우

(私は)見知らぬ人に道を尋ねられました。

(나는) 낯선 사람에게 길을 물음을 받았습니다.
(＝낯선 사람이 나에게 길을 물었습니다)

**WORD**

投手とうしゅ 투수
選手せんしゅ 선수
年齢ねんれい 연령
見知みしらぬ
　알지 못하다
訪たずねる 방문하다

# UNIT 08 연습문제

**1.** 다음 빈칸에 들어갈 알맞은 말을 고르시오.

① 妹は母に＿＿＿＿＿＿自分の部屋で泣いています。
　① 叱って　　② 叱れて　　③ 叱られて　　④ 叱らせて

② 先生＿＿＿＿＿＿試験場の場所が学生に伝えられた。
　① に　　② から　　③ を　　④ で

③ 明日が試験なのに、友だちに＿＿＿＿＿＿困っています。
　① 来て　　② 来れて　　③ 来られて　　④ 来させて

④ 2002年、韓国と日本でワールドカップが＿＿＿＿＿＿。
　① 開きました　② 開けました　③ 開かれました　④ 開かせます

⑤ あの立派な建物は有名な建築家＿＿＿＿＿＿立てられました。
　① に　　② によって　　③ が　　④ を

**2.** 다음 대화문의 문맥에 맞게 주어진 동사를 고쳐서 문장을 완성하시오.

① 鈴木：金さん、昨日あまり寝られなかったのですか。
　金　：そうですよ。昨夜、隣の赤ちゃんに＿＿＿＿＿＿寝られなかったんです。(泣く)

② 鈴木：金さんはピアノがお上手ですね。子供の時から習ったんですか。
　金　：母に＿＿＿＿＿＿習いましたが、今は母に感謝しています。(言う)

③ 鈴木：アリランの作曲家は誰ですか。
　金　：作曲家は＿＿＿＿＿＿いませんが、韓国人なら誰もが知っています。(知る)

**4** 鈴木：明日、お昼いっしょにどうですか。

金：すみません。明日は社長に＿＿＿＿＿＿＿＿、本社に行かなければなり

ません。（呼ぶ）

**3.** 다음의 한국어 문장과 같은 의미가 되도록 주어진 동사를 이용하여 수동문을 완성하시오.

**1** 내 친구는 강아지가 죽어서 슬퍼하고 있어요.
→ 僕の友だちは犬に＿＿＿＿＿＿＿＿悲しんでいます。（死ぬ）

**2** 집 근처에 쇼핑몰이 들어서는 바람에 주말에는 항상 붐벼요.
→ 家の近くにショッピングモールが＿＿＿＿＿＿＿＿週末にはいつも混ん

でいます。（建てる）

**3** 비를 맞아서 옷이 젖어버렸어요.
→ 雨に＿＿＿＿＿＿＿＿服が濡れてしまいました。（降る）

---

**WORD**

自分 じぶん 나, 자신 | 叱る しかる 꾸짖다 | 試験場 しけんじょう 시험장 | 場所 ばしょ 장소 | ワールドカップ 월드컵
建物 たてもの 건물 | 建築家 けんちくか 건축가 | 昨夜 さくや 어제 저녁 | 感謝 かんしゃ する 감사하다
作曲家 さっきょくか 작곡가 | 本社 ほんしゃ 본사 | ショッピングモール 쇼핑몰 | 濡れる ぬれる 젖다

# 사역(使役)

사역표현이란 기본적으로 문장의 주어가 타인에게 어떠한 행위를 명령하거나 강요하는 표현으로 「~하게 하다」의 의미를 갖는다.

1. 사역문 접속 방법
2. 사역문의 종류
3. 사역수동 표현
4. 사역수수 표현

# 1 사역문 접속 방법

사역문은 동사의 활용의 종류에 따라 「~せる」나 「~させる」를 접속하여 만든다.

| | 접속 방법 | | 예시 | |
|---|---|---|---|---|
| 1그룹 동사 | 동사의 어미 「う」단을 「あ」단으로 바꾸고 「せる」를 붙인다. 단, 어미가 「う」로 끝나는 동사는 「う」를 「わ」로 바꾸고 「せる」를 붙인다. | 書<u>く</u> | 書<u>か</u>+せる | 書<u>かせる</u> |
| | | 言<u>う</u> | 言<u>わ</u>+せる | 言<u>わせる</u> |
| 2그룹 동사 | 동사의 어미 「る」를 없애고 「させる」를 붙인다. | 食べ<u>る</u> | 食べ+させる | 食<u>べさせる</u> |
| | | 見<u>る</u> | 見+させる | 見<u>させる</u> |
| 3그룹 동사 | 불규칙적인 활용을 하므로 다음과 같이 암기하자. | 来る | 来+させる | <u>来させる</u> |
| | | する | | <u>させる</u> |

# 2 사역문의 종류

사역문은 능동문에서의 동사 종류에 따라 자동사문을 사역문으로 바꾼 「자동사 사역문」과 타동사를 사역문으로 바꾼 「타동사 사역문」으로 나눌 수 있다.

## 1 자동사 사역문

자동사문을 사역문으로 바꿀 경우 기본적으로 동작주는 조사 「を」나 「に」를 모두 사용할 수 있다.

(1) 자동사 사역문의 구조

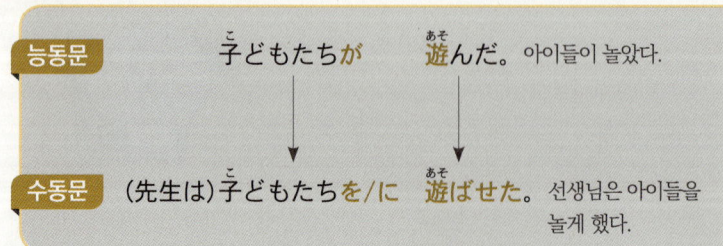

(2) 자동사 사역문에서의 「に」와 「を」의 차이

동작주에서 나타나는 조사 「に」와 「を」는 다음과 같은 의미의 차이를 가지고 있다. 조사 「に」를 취하는 경우는 동작주의 희망이나 요구를 허용하는 의미가 있는 반면 조사 「を」를 취하는 경우는 동작주의 의지와 관계없이 동작주에게 일방적으로 강요 또는 명령하는 의미가 강하다.

허가 : (先生は) 子どもたちに 遊ばせた。
　　　선생님은 아이들을 놀게 했다.
　　　→ (아이들이 놀고 싶다고 희망하여 산생님이 이를 허락했다)

강요 : (先生は) 子どもたちを 遊ばせた。
　　　선생님은 아이들을 놀게 했다.
　　　→ (아이들이 놀고 싶어하지 않는데 선생님이 명령하여 놀았다)

## 자동사 사역문에서 「に」와 「を」 중 어느 하나만을 취하는 경우

자동사의 사역형의 동작주가 모두 「に」와 「を」를 조사로 취하는 것이 아니라 조사 「に」만 취하는 경우와, 조사 「を」만 취하는 경우가 있어 이를 구분해서 사용해야 한다.

① 사역문의 동작주가 조사 「に」만 취하는 동사 : 「飛とぶ 날다」, 「走はしる 달리다」, 「渡わたる 건너다」, 「歩あるく 걷다」, 「泳およぐ 헤엄치다」 등과 같이 이동의 의미를 나타내는 동사는 「に」를 사용한다. 이는 아래의 예문 b와 같이 이동의 장소를 나타내는 조사로서 「を」를 사용(グランドを)하게 되면 「学生がくせいを」에서도 「を」가 중복되어 나타나기 때문에 사역의 동작주에는 「学生がくせいに」와 같이 조사 「に」를 사용해야 한다.

a. 先生は学生（○に/○を）走らせた。
　　선생님은 학생(에게/을) 달리게 했다.

b. 先生は学生（○に/×を）グランドを走らせた。
　　선생님은 학생에게 그라운드를 달리게 했다.

② 사역문의 동작주가 조사 「を」만 취하는 동사 : 「吹ふく 불다」, 「降ふる 내리다」, 「光ひかる 빛나다」, 「輝かがやく 빛나다」, 「錆さびる 녹슬다」, 「腐くさる 썩다」 등의 자연현상을 나타내는 동사는 사역문의 동작주에 「を」를 취한다.

おばあさんは花を咲かせた。 할머니는 꽃을 피게 했다.

③ 이외에도 「笑わらう 웃다」, 「喜よろこぶ 기뻐하다」, 「怒おこる 화내다」, 「泣なく 울다」, 「ほっとする 한숨 돌리다」, 「安心あんしんする 안심하다」, 「がっかりする 실망하다」, 「失望しつぼうする 실망하다」, 「驚おどろく 놀라다」,

**WORD**
～たち ~들
遊あそぶ 놀다
走はしる 달리다
グランド 그라운드
おばあさん 할머니

「悲かなしむ 슬퍼하다」 등과 같이 감정을 나타내는 동사 중에서도 일시적인 감정을 나타내는 동사는 사역문의 동작주에 「を」를 취한다.

彼の一言が彼女を泣かせた。 그의 한마디가 그녀를 울렸다
金さんの日本語は皆を驚かせた。
김○○ 씨의 일본어는 모두를 놀래켰다.

## 2 타동사 사역문

타동사의 경우 동작주는 반드시 조사 「に」를 사용한다.

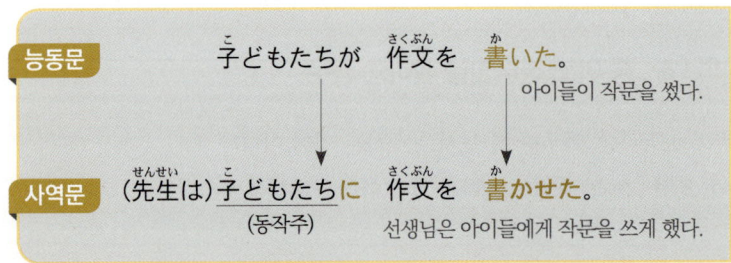

## 3 사역문의 여러 가지 의미

기본적으로 타인에게 어떤 행위를 명령, 강요하는 의미가 강하지만 문맥에 따라서는 사역자의 의지가 아닌 경우(불본의 不本意ふほんい)와 사역자가 동작주에게 특정한 감정을 불러일으키는 경우(유발 誘発ゆうはつ)로 해석될 수 있다. 유발의 경우 감정을 나타내는 「喜よろこぶ 기뻐하다」, 「ほっとする 안심하다」, 「がっかりする 실망하다」, 「悲かなしむ 슬퍼하다」와 같은 감정동사와 함께 사용되는 경우가 많다.

一人息子を死なせてしまった。 외아들을 죽게 했다. (불본의)
→ (아들의 죽음에 직접적인 책임은 없지만 간접적으로 책임을 느낄 때)

東大に合格して親を喜ばせた。
동경대에 합격해서 부모님을 기쁘게 하였다. (유발)

**WORD**

一言 ひとこと 말 한마디
作文 さくぶん 작문
一人息子 ひとりむすこ 외아들
合格 ごうかく 합격
喜 よろこぶ 기뻐하다

# 3  사역수동 표현

사역수동이란 동사의 사역형에 수동형을 덧붙여 만든 표현으로 자신의 행동이나 동작이 자신의 의사와는 관계없이 타인(사역주)의 강요에 의해 이루어졌을 때 사용하는 표현이다. 사역수동문은 우리말로 직역하기 어려우므로 타인(사역주)의 강요에 의해 「어쩔 수 없이 ~했다」, 「마지못해 ~했다」로 해석하는 것이 좋다. 사역수동문은 동사의 활용의 종류에 따라 「~せられる」, 축약형 「される」, 「~させられる」를 접속하여 만든다.

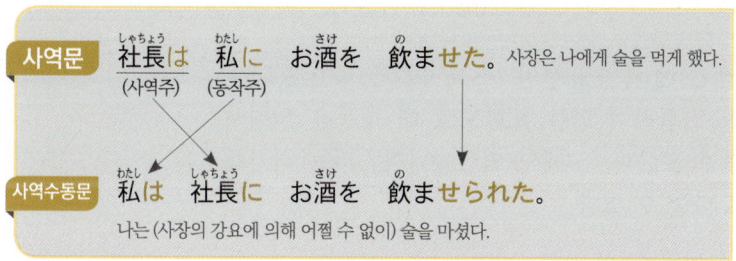

## 1 1그룹 동사

동사의 어미 「う단」을 「あ단」으로 바꾸고 「~せられる」를 붙인다.

書く → 書か+せられる = 書かせられる 할 수 없이 쓰다
行く → 行か+せられる = 行かせられる 할 수 없이 가다

단, 어미가 「う」로 끝나는 동사는 「う」를 「わ」로 바꾸고 「~せられる」를 붙인다.

買う → 買わ+せられる = 買わせられる 할 수 없이 사다

  실제는 축약형인 「される」가 주로 사용된다.
 「ない형+される」
 書く → 書か+される=書かされる
 買う → 買わ+される=買わされる
 단, 「す」로 끝나는 「話す」의 경우 예외로 「話させられる」를 사용해야 한다.

## 2 2그룹 동사

동사의 어미 「~る」를 없애고 「~させられる」를 붙인다.

見る → 見+させられる = 見させられる 할 수 없이 보다
食べる → 食べ+させられる = 食べさせられる 할 수 없이 먹다

**WORD**
社長 しゃちょう 사장
お酒 さけ 술
買い物 もの 쇼핑

### 3 3그룹 동사

불규칙적인 활용을 하므로 다음과 같이 암기하자.

　　する → させられる 할 수 없이 하다

　　来(く)る → 来(こ)させられる 할 수 없이 오다

## 4 사역수수 표현

사역수수문은 사역형(させる)에 수수표현인 「～てくれる(くださる)」, 「～てもらう(いただく)」를 결합하여 만든 표현으로 내 행동을 낮춰서 「～을 하겠습니다」라는 겸양 표현과 「～해도 되겠습니까?」라는 허가를 정중하게 구하는 표현으로 나눌 수 있다.

(1) 「～させていただきます」 ～하겠습니다

직역을 하면 「～시킴을 받겠습니다」, 「～하게 함을 받겠습니다」라는 뜻으로 다른 사람의 허가를 받아서 그렇게 행동하겠다는 의미를 가지고 있다. 즉 자신의 행동을 겸손하게 표현하는 겸양표현으로 우리말로는 「～하겠습니다」로 해석할 수 있다.

発表(はっぴょう)を始(はじ)めさせていただきます。 발표를 시작하겠습니다.

これで終(お)わらせていただきます。 이것으로 마치겠습니다.

自己紹介(じこしょうかい)させていただきます。 자기소개 하겠습니다.

(2) 「～(さ)せてもらえますか/～(さ)せていただけますか」 ～해도 되겠습니까?

상대방에게 정중하게 허가를 구하는 표현으로 「もらう」, 「いただく」를 가능형으로 바꿔 표현해야 한다. 「～させてもらえませんか/させていただけませんか」처럼 부정형으로 사용하면 더욱 정중하게 허가를 구하는 표현이 된다.

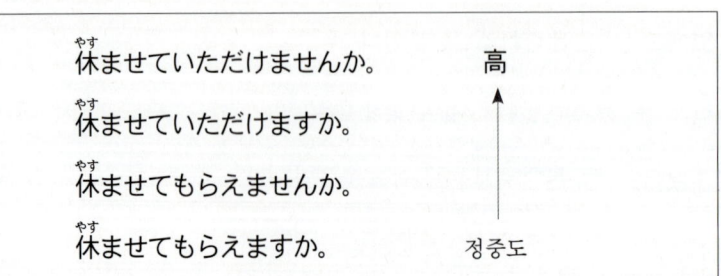

**WORD**

発表(はっぴょう) 발표
始(はじ)める 시작하다
終(お)わる 끝나다
自己紹介(じこしょうかい) 자기소개
調子(ちょうし) 상태
一週間(いっしゅうかん) 일주일
～ほど ~정도

体の調子が良くないので、今日は休ませていただけますか。
몸 상태가 안 좋은데, 오늘은 쉬어도 되겠습니까?

(3) 「～(さ)せてくれますか / (～さ)せてくださいませんか」
～하게 해 주겠습니까? / ～하게 해 주시지 않겠습니까?

「くれる」와「ください」를 사용해 상대방에게 정중하게 허가를 구하는 표현이다.

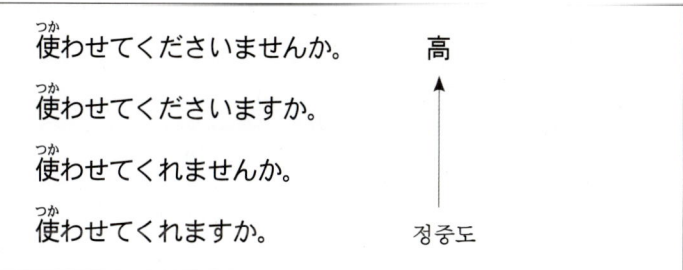

この車を一週間ほど使わせてくださいませんか。
이 자동차를 일주일 정도 사용하게 해 주시지 않겠습니까?

* いただく 〉 くださる 〉 もらう 〉 くれる 의 순으로 정중도가 높다.

# UNIT 09 연습문제

**1.** 다음 빈칸에 들어갈 알맞은 말을 고르시오.

① 先生は毎日学生＿＿＿＿＿作文を書かせています。

　① を　　　② に　　　③ が　　　④ から

② 合格して親を＿＿＿＿＿。

　① 喜びます　　　　　　② 喜びたいです
　③ 喜ばれたいです　　　④ 喜ばせたいです

③ 彼の話はおもしろくて、いつも私たちを＿＿＿＿＿。

　① 笑った　② 笑われた　③ 笑わせた　④ 笑わせられた

④ では、私から発表＿＿＿＿＿いただきます。

　① して　② されて　③ させて　④ させられて

⑤ 昨日は先輩にお酒を＿＿＿＿＿酔っぱらってしまった。

　① 飲んで　② 飲まれて　③ 飲ませて　④ 飲ませられて

**2.** 다음 문맥에 맞게 주어진 동사를 이용하여 사역문 또는 사역수동문을 완성하시오.

① 子供にいつからスマートフォンを＿＿＿＿＿たらいいですか。(使う)

② 最近、毎日社長に残業を＿＿＿＿＿て大変です。(する)

③ 体の調子が悪いのですが、お先に＿＿＿＿＿ていただけませんか。(帰る)

④ 私は母にダイエットのために野菜だけを＿＿＿＿＿ています。(食べる)

## practice

**3.** 다음의 한국어 문장과 같은 의미가 되도록 주어진 동사를 이용하여 사역문 또는 사역수동문을 완성하시오.

1 어린 시절 나는 (엄마 때문에 억지로) 학원을 다녔다.
→ 子供の時、私は塾に＿＿＿＿＿＿＿＿。(通う)

2 이것으로 발표를 마치겠습니다.
→ これで発表を＿＿＿＿＿＿＿＿いただきます。(終わる)

3 저도 파티에 참가할 수 있을까요?
→ 私もパーティーに＿＿＿＿＿＿＿＿いただけますか。(参加する)

---

**WORD**

先輩せんぱい 선배 | 酔よっぱらう 술취하다 | スマートフォン 스마트폰 | 残業ざんぎょう 잔업 | 先さきに 먼저, 우선
ダイエット 다이어트 | 野菜やさい 채소 | 塾じゅく 학원 | 参加さんかする 참가하다

# UNIT 10

# 수수(授受)

수수(授受)표현이란 물건이나 행동(은혜적인 행동) 등을 주고받는 표현을 말한다. 일본어의 수수표현은 우리말과 달리 인칭 및 주고받는 방향성에 의해 제한을 받는다.

1. 물건의 수수표현
2. 동작의 수수표현

# 1 물건의 수수표현

물건을 주고받는 표현으로 동사「あげる 주다」,「くれる 주다」,「もらう 받다」를 써서 나타낸다. 특히「주다」의 경우 한국어에서는 내가(1인칭) 타인(2,3인칭)에게 주든지 또는 타인이 나에게 주든지, 이러한 방향성과는 상관없이 모두「주다」로 표현하는 반면, 일본어의 경우는 방향성에 따라 표현이 달라진다는 점에 유의해야 한다.

## 1 「あげる」 주다

내(가족, 동료)가 타인에게 물건을 주었을 경우 사용한다. 타인(2, 3인칭)이 타인에게 물건을 건넬 때도 사용한다.

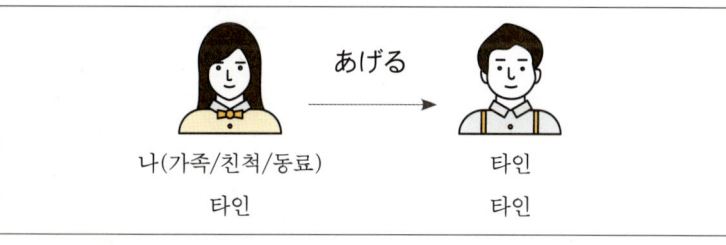

| あげる | 일반적으로 쓰이는「주다」의 의미로 대등한 관계나 손아랫사람에게 사물을 줄 때 사용한다.<br><br>私は田中さんに花をあげました。<br>나는 다나카 씨에게 꽃을 주었습니다.<br><br>弟は花子さんにケーキをあげました。<br>남동생은 하나코 씨에게 케이크를 주었습니다.<br><br>田中さんは花子さんに何をあげましたか。<br>다나카 씨는 하나코 씨에게 무엇을 주었습니까? |
|---|---|

ケーキ 케이크
お土産(みやげ) 토산품, 선물

「あげる」와 관련된 표현으로 다음과 같은「さしあげる 드리다」와「やる 주다」가 있다.

| さしあげる | 「あげる」의 겸양표현이다. 「드리다」로 해석되며 손아랫사람이 손윗사람에게 물건을 건넬 때 쓰는 표현이다. 하지만 나와 가까운 윗사람(부모님 등)에게는 사용하지 않는다. 또한 우리말처럼 손윗사람에게 직접 무언가를 해줄 때 쓰면 실례되는 표현이 되므로 주의해야 한다.<br><br>私は先生にお土産をさしあげました。<br>나는 선생님께 선물을 드렸습니다.<br><br>(선생님과의 대화) 先生、お土産をさしあげます。(×) |
|---|---|

| やる | 손아랫사람이나 동물에게 먹이를 줄 때, 식물에게 물을 줄 때 사용하는 표현이다. 요즘에는 여성들을 중심으로「やる」대신「あげる」를 많이 쓰고 있는 추세이다. |
|---|---|
|  | 私[わたし]は猿[さる]にえさを**やりました**。<br>나는 원숭이에게 먹이를 주었습니다.<br><br>花[はな]に水[みず]を**やりました**。 꽃에 물을 주었습니다. |

## ❷「くれる」주다

타인이 나(가족, 동료)에게 물건을 주었을 경우 사용한다.

 くれる →
타인　　　　　　나(가족,동료)

| くれる | 물건을 주는 사람(타인)이 나와 대등한 관계이거나 아랫사람인 경우에 사용하며「주다」로 해석된다. |
|---|---|
|  | 山田[やまだ]さんは私[わたし]に手紙[てがみ]を**くれました**。<br>야마다 씨는 나에게 편지를 주었습니다. |

물건을 주는 사람이 나보다 손윗사람일 경우에는「くださる」를 사용한다.

| くださる |「くれる」의 존경어로「주시다」로 해석된다. |
|---|---|
|  | 先生[せんせい]は私[わたし]に辞書[じしょ]を**くださいました**。<br>선생님께서는 나에게 사전을 주셨습니다. |

**WORD**

猿[さる] 원숭이
えさ 먹이
手紙[てがみ] 편지
辞書[じしょ] 사전

## 3 「もらう」 받다

내(가족, 동료)가 타인으로부터 물건을 받았을 때 사용한다. 물건을 받는 사람이 주어가 된다.

 ← もらう
나(가족, 동료)　　　　　타인

| | |
|---|---|
| | 물건을 주는 사람이 나(물건을 받는 사람)와 대등하거나 손아랫사람이 경우에 사용하며「받다」로 해석된다. 물건을 주는 쪽은 조사「に」「から」모두 사용할 수 있지만 학교나 회사와 같은 조직이나 단체가 주어인 경우에는 조사「から」가 사용된다. |
| もらう | 私(わたし)は友(とも)だち[に/から]時計(とけい)をもらいました。<br>나는 친구에게 시계를 받았습니다.<br>花子(はなこ)さんは木村(きむら)さん[に/から]本(ほん)をもらいました。<br>하나코 씨는 기무라 씨에게 책을 받았습니다.<br>私(わたし)は文部科学省(もんぶかがくしょう)から奨学金(しょうがくきん)をもらいました。<br>저는 문부성에서 장학금을 받았습니다. |

물건을 주는 사람이 나보다 손윗사람일 경우에는「いただく」를 사용한다.

| | |
|---|---|
| | 「もらう」의 겸양표현이다. |
| いただく | 私(わたし)は先生(せんせい)から時計(とけい)をいただきました。<br>나는 선생님께 시계를 받았습니다. |

**WORD**

時計(とけい) 시계
文部科学省(もんぶかがくしょう) 문부과학성
奨学金(しょうがくきん) 장학금

# 2 동작의 수수표현

동작의 수수표현은 이익이 되는 동작이나 행위를 주고받는 것과 관련된 표현을 말한다. 「타인이 어떤 행동을 나에게 해 주었다」 또는 「타인에게서 어떤 행동을 해서 받았다」라는 의미로도 사용된다. 이익이 되는 행동을 주고받기 때문에 「은혜의 수수」라고도 불린다. 「물건의 수수」인 「あげる」, 「くれる」, 「もらう」에 「~て」를 붙여 「~てあげる 해 주다」, 「~てくれる 해 주다」, 「~てもらう 해 받다」의 형태로 쓰인다. 주어와 수수(주고받음)의 방향은 물건의 수수표현과 똑같다.

## 1 ~てあげる ~해 주다

| ~てあげる<br>나→타인 | 우리말의 「~해 주다」의 의미로 일반적으로 내(가족, 동료)가 다른 사람에게 무언가 이익이 되는 것을 해 줄 때 쓰는 표현이다. 또는 타인이 타인에게 무언가 이익이 되는 행동을 할 때도 쓰인다. 이 표현은 타인에게 뭔가를 베푼다는 의미가 강하다. |
|---|---|
| | 私は田中さんに花を買ってあげました。<br>나는 다나카 씨에게 꽃을 사 주었습니다.<br>花子さんは彼氏にお金を貸してあげました。<br>하나코 씨는 남자친구에게 돈을 빌려 주었습니다. |

「~てあげる」와 관련된 표현으로 「~てさしあげる」가 있다.

| ~てさしあげる | 우리말의 「~해 드리다」의 의미로, 손윗사람에게 경의를 나타내는 표현이다. 타인에게 뭔가를 베푼다는 의미가 강하기 때문에 손윗사람에게 직접 「~てさしあげる」를 사용하면 실례되는 표현이 된다. 하지만 「~해 드렸다」라는 사실을 다른 사람에게 사용하는 것은 괜찮다. |
|---|---|
| | (교수님 가방이 무거워 보여 들어 드리기 위해 다음과 같이 말한다)<br>先生、カバンを持ってさしあげましょうか。(×)<br>先生、カバンお持ちしましょうか。(○)<br>교수님, 가방 들어 드릴까요? (겸양표현)<br>(친구에게) 先生のカバンを持ってさしあげたよ。<br>선생님의 가방 들어 드렸어. |

## 2 ~てくれる  ~해 주다

| ~てくれる (타인 → 나) | 우리말의 「~해 주다」의 의미로 타인이 나(가족, 동료)에게 이익이 되는 행위를 할 때 쓰는 표현이다. 물건을 주는 사람(타인)이 나와 대등한 관계이거나 아랫사람인 경우에 사용한다. |
|---|---|
| | 山田さんは私のパソコンを直してくれました。<br>야마다 씨는 나의 컴퓨터를 고쳐 주었습니다. |

동작을 행하는 사람이 나보다 손윗사람일 경우에는 「~てくださる」를 사용한다.

| ~てくださる | 우리말 「~해 주시다」의 의미로, 손윗사람이 나 또는 나와 가까운 사람에게 이익이 되는 일을 할 때 쓰는 표현이다. |
|---|---|
| | 田中先生は私にいろいろなことを教えてくださいました。<br>다나카 선생님께서는 저에게 여러 가지를 가르쳐 주셨습니다. |

## 3 ~てもらう  ~해 받다

내(가족, 동료)가 타인으로부터 이익이 되는 행동이나 동작을 받았을 때 사용한다. 동작을 받는 사람(나)이 주어가 된다.

| ~てもらう 나 ← 타인 | 은혜를 주는 사람이 나(동작을 받는 사람)와 대등하거나 손아랫사람인 경우에 사용하며 「~해 받다」의 의미이다. 타인이 타인에게 이익이 되는 행위를 하였을 때도 사용할 수 있다. 은혜를 주는 쪽은 조사 「に」「から」 모두 사용할 수 있다.<br>cf. 「~てもらう」를 「~해 받다」라고 직역하면 어색한 표현이 되기 때문에 주는 사람과 받는 사람의 위치를 바꾸고 「~てくれる」로 해석하면 자연스럽게 된다. |
|---|---|
| | 私は友だち[に/から]時計を買ってもらいました。<br>나는 친구에게 시계를 사 받았습니다. = 친구는 나에게 시계를 사 주었습니다.<br>花子さんは木村さん[に/から]中国語を教えてもらいました。<br>하나코 씨는 기무라 씨에게 중국어를 가르쳐 받았습니다.<br>= 기무라 씨는 하나코 씨에게 중국어를 가르쳐 주었습니다. |

은혜를 주는 사람이 나보다 손윗사람일 경우에는 「~ていただく」를 사용한다.

| ~ていただく | 「~てもらう」의 겸양표현으로 「~해 주시다」의 의미이다. 손윗사람에게 이득이 되는 동작을 받을 때 사용하는 표현이다. |
|---|---|
| | 私は木村先生に辞書を貸していただきました。<br>나는 기무라 선생님께 사전을 빌려 받았습니다.<br>= 기무라 선생님은 나에게 사전을 빌려 주셨습니다. |

# UNIT 10 연습문제

**1.** 다음 빈칸에 들어갈 알맞은 말을 고르시오.

① 誕生日の時、友だち＿＿＿＿＿＿＿何をもらいましたか。

　① が　　　② を　　　③ に　　　④ で

② このマニュアルがほしいんですが、＿＿＿＿＿＿＿いいですか。

　① 受けても　　② もらっても　　③ くれても　　④ やっても

③ 毎日誰がペットにえさを＿＿＿＿＿＿＿いますか。

　① もらって　　② して　　③ くれて　　④ やって

④ 田中さんは妹に東京を案内して＿＿＿＿＿＿＿。

　① もらいました　② くれました　③ あげました　④ やりました

⑤ 私は毎朝先生に作文をチェック＿＿＿＿＿＿＿。

　① してくださいました　　　② させてくださいました
　③ していただきました　　　④ させていただきました

**2.** 다음 대화문의 문맥에 맞게 수수표현을 사용하여 문장을 완성하시오.

① A：田中さんは金さんにどのようにプロポーズをしたのか知っていますか。
　B：田中さんが金さんに花束と指輪を＿＿＿＿＿＿＿らしいです。

② A：留学の時、バイトをしましたか。
　B：いいえ、奨学金を＿＿＿＿＿＿＿たので、バイトはしませんでした。

③ A：先生から連絡がありましたか。
　B：はい。先生が手紙を＿＿＿＿＿＿＿。

practice

4　A：かわいいかばんですね。
　　B：母が買って＿＿＿＿＿＿＿。

5　A：明日、引っ越しだよ。
　　B：あ、そう。手伝って＿＿＿＿＿＿＿ようか。

6　A：自販機の使い方を知っていますか。
　　B：このボタンを押せばいいんですね。店員さんが教えて＿＿＿＿＿＿＿。

3. 다음의 한국어 문장과 같은 의미가 되도록 수수표현을 사용하여 문장을 완성하시오.

1　선생님께서 답장을 주셨습니다.
　→ 先生が返事を＿＿＿＿＿＿＿。

2　사장님께서 축하금을 주셨습니다.
　→ 社長に結婚のお祝い金を＿＿＿＿＿＿＿。

3　후배에게 책을 주었습니다.
　→ 後輩に本を＿＿＿＿＿＿＿。

4　다나카 씨가 차로 데려다 주었습니다.
　→ 田中さんが車で送って＿＿＿＿＿＿＿。

5　친구에게 택배를 보내 주었습니다.
　→ 友だちに宅配便を送って＿＿＿＿＿＿＿。

6　어두워서 친구가 같이 가 주었습니다.
　→ 暗くて友だちに一緒に行って＿＿＿＿＿＿＿。

**WORD**
誕生日 たんじょうび 생일 | マニュアル 매뉴얼 | ペット 애완동물 | チェックする 체크하다 | プロポーズ 프로포즈
花束 はなたば 꽃다발 | 指輪 ゆびわ 반지 | 自販機 じはんき 자동판매기 | ボタン 버튼 | 押す おす 누르다, 밀다
お祝い金 いわいきん 축하금 | 後輩 こうはい 후배 | 宅配便 たくはいびん 택배편

# 조사 2 (助詞 2)

일본어에서 조사는 격조사, 병렬조사, 접속조사 이외에도 강조조사(특립조사)나 종조사와 같이 부수적으로 문장에 특별한 의미를 부여하는 경우도 있다. 또한 특정 단어에 붙어 그 단어에 문법적, 어휘적 의미를 부여하는 접미어도 중요한 문법 요소이다.

1. 강조조사(특립조사)
2. 종조사
3. 접미어

# 1 강조조사(특립조사)

문중의 명사가 술어와 어떤 관계를 가지는지를 나타내는 격조사와 달리 화자가 사태를 어떻게 받아들이고 있는지를 나타내는 조사를 강조조사(とりたて助詞<sub>じょし</sub>)라고 한다. 「も」, 「だけ」, 「しか」, 「ばかり」, 「は」, 「くらい(ぐらい)」, 「こそ」, 「さえ」, 「すら」, 「だって」, 「でも」, 「など」 등이 있다.

## 1 も ~도, ~이나, ~나

(1) 열거(~도)

田中<sub>たなか</sub>さんが来<sub>き</sub>ました。林<sub>はやし</sub>さんも来<sub>き</sub>ました。
다나카 씨가 왔습니다. 하야시 씨도 왔습니다.

英語<sub>えいご</sub>も日本語<sub>にほんご</sub>もできます。 영어도 일본어도 할 수 있습니다.

(2) 예상 외(~이나, ~나)

彼<sub>かれ</sub>はパンを五<sub>いつ</sub>つも食<sub>た</sub>べました。 그는 빵을 다섯 개나 먹었습니다.

この川<sub>かわ</sub>の深<sub>ふか</sub>さは15メートルもあります。
이 강의 깊이는 15미터나 됩니다.

## 2 だけ ~만, ~뿐, ~만큼

(1) 한정(~만, ~뿐)

ドイツ語<sub>ご</sub>のできる人<sub>ひと</sub>は課長<sub>かちょう</sub>だけです。
독일어를 할 줄 아는 사람은 과장님뿐입니다.

平仮名<sub>ひらがな</sub>だけで書<sub>か</sub>いてください。
히라가나로만 써주세요.

(2) 정도(~만큼)

必要<sub>ひつよう</sub>なだけ、自由<sub>じゆう</sub>に持<sub>も</sub>って行<sub>い</sub>ってもいいです。
필요한 만큼 자유롭게 가져가도 좋습니다.

## 3 しか ~밖에

이것 말고는 다른 선택의 여지가 없을 때 쓰이며, 「~しか~ない」의 형태로 반드시 부정표현과 같이 쓰인다.

財布<sub>さいふ</sub>の中<sub>なか</sub>には千<sub>セン</sub>ウォンしかありません。
지갑 안에 천원밖에 없습니다.

---

 **WORD**

深<sub>ふか</sub>さ 깊이
メートル 미터
ドイツ 독일
平仮名<sub>ひらがな</sub> 히라가나
必要<sub>ひつよう</sub>だ 필요하다
自由<sub>じゆう</sub> 자유

## 4 ばかり ~만, ~뿐(범위 한정)

この子は毎日テレビばかり見ています。
이 아이는 매일 텔레비전만 보고 있습니다.

知っているのは私ばかりだ。 알고 있는 것은 나뿐이다.

* 「ばかり」와 「だけ」의 비교
「ばかり」는 한정된 일을 주로 하는 것에 비해 「だけ」는 오로지 한정된 그 일만 한다는 것을 의미한다. 그러므로 아이가 매일 주로 텔레비전을 보는 것을 나타낼 때는 「ばかり」를 쓰는 것이 의미적으로 자연스럽다.

## 5 は ~은/~는

(1) 주제 제시(~은/~는)
日本語の勉強はおもしろいです。 일본어 공부는 재밌습니다.
東京は人口が多い。 도쿄는 인구가 많다.

(2) 대조(~은/~는)
紅茶は飲みますが、コーヒーは飲みません。
홍차는 마시지만 커피는 마시지 않습니다.
田中さんは行きますが、大田さんは行きません。
다나카 씨는 가지만 오타 씨는 가지 않습니다.

## 6 くらい(ぐらい) ~정도, ~쯤, ~가량(시간이나 분량, 정도나 상황)

あのへやに人が三十人ぐらいいます。
저 방에 사람이 30명 정도 있습니다.
昨日は2時間ぐらい勉強をしました。
어제는 2시간쯤 공부를 했습니다.

## 7 こそ ~야말로(강조)

これこそ私たちが守らなければならないルールです。
이것이야말로 우리가 지켜야만 하는 규칙입니다.

## 8 さえ ~조차, ~만

(1) 이미 일어난 사태에 더해져 어떤 사태마저 일어날 때(~조차)
彼は仕事をしない上に、出勤さえ遅刻する。
그는 일을 하지 않는데다가 출근조차 지각한다.

人口 じんこう 인구
紅茶 こうちゃ 홍차
守まもる 지키다
~上うえに 더구나, 게다가
出勤 しゅっきん 출근
挨拶 あいさつ 인사
きちんと 정확히, 제대로
大丈夫 だいじょうぶだ 괜찮다

(2) 최소한의 조건을 나타낼 때(~만)

挨拶さえきちんとできれば大丈夫ですよ。

인사만 제대로 할 수 있으면 괜찮아요.

## 9 すら  ~조차(극단적인 예)

挨拶すらきちんとできないね。

인사조차 제대로 못하네요.

## 10 だって  ~도(예를 제시하고 그것도 다른 것과 마찬가지임을 나타냄)

中国語だって漢字はありますよ。

중국어도 한자는 있어요.

## 11 でも  ~이든, ~든지, ~라도

(1) 의문사+でも 전면 긍정(~이든, ~든지)

あの人は何でも知っています。

저 사람은 뭐든지 알고 있습니다.

今週中ならいつでも手伝えます。

이번 주 중이라면 언제든지 도울 수 있습니다.

(2) 예를 들어 이야기 할 때(~라도)

この道は大人でも夜は危ないです。

이 길은 어른이라도 밤에는 위험합니다.

遅刻でもしたら大変なことになりますよ。

지각이라도 한다면 큰일 납니다.

## 12 など  ~등(예를 들어서 말할 때)

つくえの上に本やノートなどがあります。

책상 위에 책이랑 노트 등이 있습니다.

**WORD**

漢字 かんじ 한자
今週中 こんしゅうちゅう 이번주 중
大人 おとな 어른
危ない あぶない 위험하다
遅刻 ちこく 지각
大変だ たいへんだ 힘들다, 큰일이다

# ② 종조사

문장의 맨 뒤에 붙어서 화자가 느끼는 감정(상대나 사태에 대해 느끼는 의문, 감탄, 강조 등)을 나타낸다.

## 1 か ～까?(의문)

それはあなたの本です**か**。 그것은 당신의 책입니까?

山田さんは会社員です**か**。 야마다 씨는 회사원입니까?

## 2 な ～하지 마라, ～해라

(1) 금지(～하지 마라)

芝生に入る**な**。 잔디에 들어가지 마라.

けんかをする**な**。 싸우지 마.

(2) 명령, 권고(～해라)

明日は早く起き**な**。 내일은 빨리 일어나라.

これ食べ**な**。 이거 먹으렴.

(3) 가벼운 영탄이나 기대감을 나타낼 때

こんな難しい問題が解けるなんて、すごい**な**。
이런 어려운 문제를 풀 수 있다니 대단한데.

海外旅行ですか。いい**な**。私も行きたい。
해외여행요? 좋겠다. 나도 가고 싶다.

## 3 ね ～로군, ～로군요, ～이지, ～이지요

(1) 감탄(～로군, ～로군요)

今日はいい天気です**ね**。 오늘 날씨가 좋네요.

ずいぶん寒い**ね**。 꽤 춥군.

(2) 동의를 구하거나 사실인지 확인하는 경우(～이지, ～이지요)

これはお前の本だ**ね**。 이것은 네 책이지.

昔ここにお城があったそうです**ね**。
옛날에 여기에 성이 있었다지요.

(3) 자신의 생각을 부드럽게 말하거나, 생각 등을 정리해서 말할 때

結論までは、まだ考えていないんですけど**ね**。
결론까지는 아직 생각하지 않았는데요.

**芝生** しばふ 잔디
**喧嘩** けんか 싸움
**海外旅行** かいがいりょこう 해외여행
**ずいぶん** 대단히, 몹시
**お城** しろ 성
**結論** けつろん 결론

私はあまり行きたくないですね。 저는 별로 가지 싶지 않은데요.

## 4 よ 단정 또는 주장, 자신이 알고 있는 정보를 상대방에게 전달할 때

その本はおもしろいですよ。 그 책은 재미있어요.

お腹が痛いから、何も食べたくないよ。
배가 아파서 아무것도 먹고 싶지 않아.

## 5 わ

(1) 자신의 생각이나 의사, 단정(여성어)

私も一緒に行くわ。 나도 함께 갈게.

もう一度電話してみるわ。 다시 한 번 전화해 볼게요.

(2) 감탄, 놀람

けっこうおもしろいわ。 꽤 재밌어요.

## 6 ぞ 화자의 강한 의지

주로 남성이 사용한다. 혼잣말로도 쓰인다.

合格に向けて行くぞ。 합격을 향해 가자.

## 7 の ~야?, ~니?

주로 회화체에서 쓰이는 종조사로 기본형 뒤에 붙는다.

(1) 의문을 나타낼 때(~야?, ~니?)

顔色が悪いけど、どうしたの。 안색이 나쁜데 무슨 일이야?

あなたも一緒に行くの。 너도 함께 가니?

(2) 가벼운 단정(~야) : 단정의 경우 여성이 주로 사용한다.

じゃ、またあとで。これから授業なの。
그럼 이따가 보자. 지금부터 수업이야.

## 8 だい ~니?(의문)

どうしたんだい。 어찌된 거니?

## 9 かい ~니?(의문〈남성어〉)

どうだい。元気かい。 어때? 건강해?

ぼくに手紙が来ていないかい。 나한테 편지 온 거 없나?

**WORD**
お腹なか 배
一度いちど 한 번
けっこう 제법, 꽤
~に向むけて ~를 목표로
顔色かおいろ 안색
元気げんきだ 건강하다

# 3 접미어

접미어는 단어의 뒤에 붙어 의미를 덧붙이는 것으로 독립적으로 사용할 수 없다.

### 1 がた ~들(복수의 존경)

あなた**がた**は今日何をしますか。 당신들은 오늘 무엇을 합니까?
ここが先生**がた**の部屋です。 여기가 선생님들의 방입니다.

### 2 ころ(ごろ) ~쯤, ~ 무렵, 정도

昨日は10時**ごろ**寝ました。 어제는 10시쯤 잤습니다.
その**ころ**彼は浪人生活を送っていた。
그 무렵 그는 백수로 지내고 있었다.

### 3 中 ~내내, ~종일, 전~, ~중

(1) 「じゅう」라고 발음될 때(~내내, ~종일, 전~)
南の国は一年**中**暑いです。 남쪽 나라는 일 년 내내 덥습니다.
世界**中**を旅行してみたい。 전 세계를 여행해 보고 싶다.

(2) 「ちゅう」라고 발음 될 때 (~중)
午前**中** 오전 중   授業**中** 수업 중   不在**中** 부재 중

### 4 たち(だち) ~들

あの人**たち**はみんな学生です。 저 사람들은 모두 학생입니다.
子供**たち**が公園で遊んでいる。 아이들이 공원에서 놀고 있습니다.

---

 WORD

浪人 ろうにん 　실업자, 재수생, 낭인
生活 せいかつ 생활
公園 こうえん 공원

# 연습문제

**1.** 다음 (  ) 안에 들어갈 알맞은 말을 고르시오.

① 朴さんは日本語（　）フランス語（　）できます。
　① に　　　② で　　　③ が　　　④ も

② あなた（　）そばにいてくれると、他は何も要らない。
　① へ　　　② だけ　　③ も　　　④ しか

③ アメリカ（　）とても広いです。
　① が　　　② か　　　③ に　　　④ は

④ ビール（　）飲みますが、日本酒（　）飲みません。
　① に　　　② は　　　③ ほど　　④ ぐらい

⑤ 去年は毎日3時間（　）働きました。
　① ぐらい　② しか　　③ ばかり　④ に

⑥ 私はいつ（　）大丈夫です。
　① にも　　② でも　　③ ても　　④ では

⑦ 日常会話（　）できれば生活するのに不便ではないと思います。
　① ために　② から　　③ さえ　　④ ので

⑧ A : みそラーメンふたつください。
　B : はい、みそラーメンふたつです（　）。
　① よ　　　② わ　　　③ ね　　　④ な

**2.** 다음 ( ) 안에 들어갈 알맞은 조사를 보기에서 골라 써넣으시오.

> は　　も　　しか　　だけ　　くらい　　ばかり

① 医者：どうしたんですか。
　患者：たまごを五つ（　　　）食べたら、お腹が痛いです。

② 英語ができるのは鈴木さん（　　　）いません。

③ 日本語（　　）好きですが、ロシア語（　　）好きではありません。

④ 田中さんはいつもゲーム（　　　）しています。

**3.** 다음 문장을 읽고 바른 표현에는 ○를 어색한 표현에는 × 표시를 하시오.

① 今日はほんとうに暖かいですね。（　　　）
② あのころ朴先生は学生たちに人気があったね。（　　　）
③ 財布の中には1000円だけありません。（　　　）
④ 招待状を持っている人でも入場できます。（　　　）

**4.** 다음의 한국어 문장과 같은 의미가 되도록 ( ) 안에 알맞은 조사를 써넣으시오.

① この部屋に絶対入る（　　　）。　　　　　　　이 방에는 절대 들어오지 마.
② 明日の10時に会議があるそうです（　　　）。　내일 10시에 회의가 있다지요.
③ 息子は毎日運動（　　　）している。　　　　　아들은 매일 운동만 한다.
④ あと、5分（　　　）ありません。　　　　　　이제 5분밖에 없습니다.
⑤ 来年の試験に向けて頑張る（　　　）。　　　　내년 시험을 위해 힘내야지.

---

**WORD**
フランス語ご 프랑스어 | 要いらない 필요없다 | 働はたらく 일하다 | 日常会話にちじょうかいわ 일상회화 | みそ 된장
患者かんじゃ 환자 | たまご 달걀 | 招待状しょうたいじょう 초대장 | 入場にゅうじょう 입장 | 絶対ぜったい 절대로

# UNIT 12

# 조건(条件)

조건표현이란 어떤 상황을 가정할 경우 사용되는 표현을 말하며 각 표현은 나름의 쓰임과 특징이 있다. 문장의 의미에 따라 각 표현을 바꾸어 쓸 수 있는지가 결정된다.

1. 「～と」
2. 「～ば」
3. 「～たら」
4. 「～なら」

# 1 ～と

## 1 접속 방법

| 구분 | 접속 방법 | 예시 |
| --- | --- | --- |
| 동사 | | 帰ると/帰らないと |
| い형용사 | 기본형+と | 寒いと/寒くないと |
| な형용사 | | 元気だと/元気で(は)ないと |
| 명사 | 기본형だ+と | 子どもだと/子どもで(は)ないと |

\* 조건의 「と」는 기본형에 접속되는데 과거시제에는 접속되지 않고 항상 현재형에 접속한다.

## 2 「～と」의 의미용법

(1) 앞문장의 조건이 성립하면 뒷문장도 자연스럽게 성립된다는 의미를 가지고 있다. 진리나 불변의 법칙, 자연현상과 같이 필연적으로 일어나는 결과와 길안내, 기계조작, 숫자계산 같은 일반적인 상식 등에 사용한다.

春になると花が咲きます。 봄이 되면 꽃이 핍니다. (자연현상)

この角を左に曲がると、コンビニが見えます。
이 길을 왼쪽으로 돌아가면 편의점이 보입니다. (길안내)

お金を入れると切符が出ます。 돈을 넣으면 표가 나옵니다. (기계조작)

1に1を足すと2になる。 1에 1을 더하면 2가 된다. (숫자계산)

(2) 발견과 의외의 사건 등을 나타낼 때 사용한다.

集合場所に行くと誰もいなかった。
집합장소에 갔더니 아무도 없었다.

うちへ帰ると友だちが私を待っていた。
집에 돌아오니 친구가 나를 기다리고 있었다.

(3) 개별적인 일이라도 반복적인 일이나 습관 등을 나타낼 때는 사용한다.

起きるとすぐ顔を洗う。 일어나면 바로 얼굴을 씻는다.

天気が悪いと、いつも家で休みます。
날씨가 좋지 않으면 언제나 집에서 쉽니다.

---

**WORD**

春はる 봄
角かど 모서리, 모퉁이
コンビニ 편의점
切符きっぷ 표
足たす 더하다
集合場所しゅうごうばしょ 집합장소

(4) 앞의 동작에 이어서 바로 다음 동작이 잇달아 이어질 때 사용한다.「〜자」,「〜고 나서」의 의미를 가진다.

彼(かれ)は部屋(へや)に入(はい)ると、すぐ音楽(おんがく)をかけた。
그는 방에 들어가서 곧바로 음악을 틀었다

私(わたし)が立(た)ち止(ど)まると、彼(かれ)も立(た)ち止(ど)まります。
내가 멈춰 서자 그도 멈춰 섭니다.

(5)「동사+ないと」로 쓰이면 경고의 의미나 곤란한 일이 있음을 나타낸다.「だめだ」,「困(こま)る」등 부정적인 말이 오는 경우가 많다.

早(はや)くしないと困(こま)ります。 빨리 하지 않으면 곤란합니다.

早(はや)く行(い)かないと映画(えいが)に間(ま)に合(あ)わないよ。
빨리 가지 않으면 영화시간에 맞출 수 없어.

## 3 용법상 특이점

「と」의 뒤에는 필연적인 결과가 뒤따라온다. 그러므로 화자의 의지, 판단, 허가, 의견, 명령, 요구 등을 나타내는 문장은 뒤에 올 수 없다. 예를 들면「お金(かね)がないと何(なに)も買(か)えません 돈이 없으면 아무것도 살 수 없습니다」라고는 할 수 있어도「お金(かね)がないと働(はたら)きなさい」,「春(はる)になると山登(やまのぼ)りをするつもりです」라고 표현할 수는 없다. 화자의 의지, 판단, 허가, 의견, 명령, 요구 등을 나타내고 싶을 때는「たら」를 사용한다.

すぐ 곧, 즉시
音楽(おんがく) 음악
立(た)ち止(ど)まる 멈추어서다
困(こま)る 곤란하다
間(ま)に合(あ)う 시간에 맞추다

# 2 ～ば

「～と」와 의미용법상 중복되는 부분이 많으며 「～たら」, 「～なら」 등과도 의미용법상 중복되는 부분이 많다.

## 1 접속 방법

| | 접속 방법 | 예시 |
|---|---|---|
| 동사 | 어미를 え단으로+ば | 咲けば／咲かなければ |
| い형용사 | 어간+ければ | 安ければ／安くなければ |
| な형용사 | 어간+なら(ば) | 静かなら(ば)／静かでなければ |
| 명사 | 기본형+なら(ば) | 学生なら(ば)／学生でなければ |

## 2 ～ば의 의미용법

(1) 가정조건 : 실제로 일어날지 안 일어날지 모르는 일을 가정할 때 사용한다. 「만약 실현이 된다면」이라는 가정하에서만 성립된다는 의미이다.

安ければ買います。 싸면 사겠습니다. (싸지 않으면 사지 않겠다)

あした天気がよければ、でかけましょう。
내일 날씨가 좋으면 외출합시다. (날씨가 좋지 않으면 외출하지 않겠다)

もし、休みならば、映画を見に行きませんか。
혹시 쉬면 영화 보러 가지 않을래요? (쉬지 않으면 영화 보러 가지 않겠다)
(「たら」의 1번 용법과 유사)

雨が降ればピクニックに行きません。
비가 오면 소풍을 가지 않습니다. (맑으면 소풍을 간다) (「と」의 1번 용법과 유사)

(2) 필연적인 결과, 자연현상, 예상가능한 사건

春になれば花が咲きます。
봄이 되면 꽃이 핍니다.

車がふえれば空気が汚れます。
자동차가 늘어나면 공기가 오염됩니다.

お金を入れれば切符がでます。
돈을 넣으면 표가 나옵니다.

**WORD**
出でかける 외출하다
ピクニック 피크닉
増ふえる 늘어나다
空気くうき 공기
汚よごれる 더러워지다

(3) 반사실적인 조건(현실과 반대되는 상황) : 화자의 후회나 안타까움을 나타낸다. 문말에 「〜のに(〜텐데)」와 같이 사용되는 경우가 많다.

もうちょっと早くわかっていれ**ば**よかったのに。
좀 더 빨리 알았으면 좋았을 텐데.

前もってしておけ**ば**よかったのに。
미리 해 두었더라면 좋았을 텐데.

(4) 습관이나 반복적인 사건

彼はお金さえあれ**ば**いつも飲みに行く。
그는 돈만 있으면 언제나 마시러 간다.

子どもの頃は夏休みになれ**ば**いつも海で遊んでいました。
어린 시절은 여름방학이 되면 언제나 바다에서 놀았습니다.

(5) 종조사적 표현 : 문말에 「どう」, 「どうですか」 등의 표현이 생략되어 종조사처럼 쓰이기도 한다.

今日、言え**ば**（╱）。
오늘 말하면(어때)?

彼女に電話すれ**ば**（╱）。
여자친구한테 전화하는 게 어때?

前もって 미리, 사전에
〜ておく 〜해 두다
さえ 〜만
飲みに行く 술마시러 가다

# 3 ～たら

「～と」, 「～ば」, 「～たら」, 「～なら」 중에 「～たら」가 회화체에서 가장 많이 쓰이기 때문에 「～たら」를 쓸 수 있는 범위가 가장 넓다.

## 1 접속 방법

| 구분 | 접속 방법 | 예시 |
|---|---|---|
| 동사 | 기본형의 과거시제+たら | 読んだら/読まなかったら |
| い형용사 | | 寒かったら/寒くなかったら |
| な형용사 | | 元気だったら/元気でなかったら |
| 명사 | | 独身だったら/独身でなかったら |

## 2 ～たら의 의미용법

(1) 가정조건 : 그것이 실현될지 안 될지는 모르지만 만약 실현된다는 조건으로 내세우는 표현이다.

寒かったら行きません。 추우면 가지 않겠습니다.

もし、困ったらお電話ください。
혹시 곤란한 일이 있으면 전화주세요.

時間があったら行ってみたいですね。
시간이 있으면 가 보고 싶습니다.

\* 이 용법은 「～ば」의 1번 용법과 비슷하므로 「～ば」를 대신 쓰는 것도 가능하다.

(2) 확정조건 : 앞문장이 확정(목표 달성(확실한 미래))되면 후자를 행하는 것을 말한다.

飲み終わったらコップを洗ってください。
다 마시면 컵을 씻어 주세요.

書き終わったらペンを貸してください。
다 쓰면 펜을 빌려 주세요.

暑いから夜になったら映画を見に行こう。
더우니까 밤이 되면 영화를 보러 가자.

\* 이 경우에 「～と」나 「～ば」로 대신 쓰는 것은 부자연스럽다.

**WORD**

独身 どくしん 독신
～てみたい ~해 보고 싶다
～終わる 완전히 ~하다, 다 ~하다
コップ 컵
ペン 펜

(3) 반사실적인 조건 : 실제 일어나지 않거나 없는 것을 가정하여 화자의 후회나 안타까운 기분을 표현할 수 있다.

雨が降ったらいいのに。
비가 오면 좋을 텐데.

お酒を飲まなかったらよかったのに。
술을 마시지 않았으면 좋았을 텐데.

\* 이 용법은 「〜ば」의 3번 용법과 비슷하므로 「〜ば」를 대신 쓰는 것도 가능하다.

(4) 발견이나 의외의 사건

スーパーに行ったら牛乳がなかった。
슈퍼에 갔더니 우유가 없었다.

冷蔵庫を開けたら全部腐っていた。
냉장고를 열었더니 전부 썩어 있었다.

\* 이 용법은 「〜と」의 2번 용법과 비슷하므로 「〜と」를 대신 쓰는 것도 가능하다.

(5) 결과

薬を飲んだら治った。
약을 먹었더니 나았다.

\* 이 용법은 「〜と」를 대신 쓰는 것도 가능하다.

(6) 종조사적인 용법 : 문말에 「どう」「どうですか」등의 표현이 생략되어 종조사처럼 쓰이기도 한다.

今日、行ったら (↗)。
오늘 가는 건(어때)?

彼女に電話したら (↗)。
여자친구한테 전화하는 게 어때?

**スーパー** 슈퍼마켓
**牛乳** ぎゅうにゅう 우유
**冷蔵庫** れいぞうこ 냉장고
**腐**くさる 썩다
**治**なおる 낫다

# 4 〜なら

## 1 접속 방법

| 구분 | 접속 방법 | 예시 |
|---|---|---|
| 동사 | 기본형+(の)なら | 行く(の)なら/行かない(の)なら |
| い형용사 | 기본형+(の)なら | 暑い(の)なら/暑くない(の)なら |
| な형용사 | 어간+なら | 静かなら/静かでない(の)なら |
| 명사 | 기본형+なら | 子供なら/子供でない(の)なら |

## 2 〜なら의 의미용법

(1) 아직 실현되지 않는 일을 화자가 가정할 때 사용한다.

体が丈夫**なら**どんなことでもできる。
몸이 튼튼하면 어떤 것이라도 할 수 있다.

お金がある**なら**世界一周をしたいです。
돈이 있다면 세계일주를 하고 싶습니다.

(2) 뒷문장이 앞문장보다 시간적으로 앞서는 가정을 나타낼 때 사용한다.

この本を読む**なら**、貸してあげます。
(이 책을 읽을 거라면 빌려줄게요 → 빌린 후에 읽는다)

旅行に行く**なら**、カメラを買おう。
(여행을 갈 거면 카메라를 사자 → 카메라를 산 후에 여행을 간다)

* 「〜と」, 「〜たら」, 「〜ば」는 앞문장이 성립한 후에 뒷문장이 성립하는 경우에 쓰이지만 「〜なら」는 뒷문장이 먼저 성립하고 앞문장이 나중에 성립하는 경우에 쓰인다. 뒤에 과거형 문장이 올 수 없다.

(3) 상대방의 발언에 의해 새롭게 알게 된 사실을 바탕으로 화자의 의견을 말할 때 사용한다. 주로 화자의 의지나 행동을 제시하거나 조언 충고 등을 할 때 쓰인다.

A: 日本語がもっと上手になりたいな。 일본어를 더 잘 하고 싶어.
B: 日本語が上手になりたい**なら**、たくさんの人と日本語で話すことだ。
일본어를 더 잘하고 싶으면 많은 사람과 일본어로 말해야지.

 WORD

丈夫じょうぶだ 튼튼하다
世界一周せかいいっしゅう 세계일주
カメラ 카메라
もっと 더, 더욱
上手じょうずになる 능숙해지다

A: あの店いい靴が安いそうですよ。
저 가게, 좋은 구두가 싸다고 하던데요.

B: 安いならいっしょに行って見ましょう。
싸다면 같이 가서 봅시다.

A: 今度の日曜日、映画を見に行きましょう。
이번 일요일에 영화 보러 갑시다.

B: いいですね。今度の日曜日なら大丈夫です。
좋네요. 이번 일요일이라면 괜찮습니다.

店みせ 가게
靴くつ 신발, 구두
今度こんど 이번
スイス 스위스
~製せい
　~제, ~에서 만든 것

(4) 한정 : 이때 「~なら」는 주제를 나타내는 조사 「は」로 바꿔 쓸 수 있다.

時計ならスイス製がいいです。 시계라면 스위스제가 좋습니다.

\* 다음과 같은 「~たら」의 경우도 「~なら」와 쓰임이 같다.

| 구분 | 「~たら」의 형태 | 예시 |
|---|---|---|
| 동사 | ~のだったら<br>~んだったら | 行くんだったら ＝ 行くなら |
| い형용사 | ~のだったら<br>~んだったら | 安いんだったら ＝ 安いなら |
| な형용사 | ~だったら | 静かだったら ＝ 静かなら |
| 명사 | ~だったら | 日本人だったら ＝ 日本人なら |

# UNIT 12 연습문제

**1.** 다음 ( ) 안에 들어갈 알맞은 말을 고르시오.

① 小林さんが（　　）、かならず私に知らせてください。
　① 来たら　　　② 来ると　　　③ 来たり　　　④ 来るまま

② A：カメラを買いたいんですが、どこがいいですか。
　B：カメラを（　　）、駅前の店が安くていいですよ。
　① 買うと　　　② 買えば　　　③ 買ったら　　　④ 買うなら

③ カーテンを開ける（　　）、海が見えます。
　① ば　　　② と　　　③ たら　　　④ なら

④ 今度の土曜日、ひま（　　）、コンサートに行きませんか。
　① たら　　　② ば　　　③ と　　　④ なら

**2.** 다음 동사, 형용사, 명사를 「と」, 「ば」, 「たら」, 「なら」의 순으로 접속형태를 바꾸시오.

① 会う ＿＿＿＿, ＿＿＿＿, ＿＿＿＿, ＿＿＿＿

② 食べる ＿＿＿＿, ＿＿＿＿, ＿＿＿＿, ＿＿＿＿

③ する ＿＿＿＿, ＿＿＿＿, ＿＿＿＿, ＿＿＿＿

④ かっこいい ＿＿＿＿, ＿＿＿＿, ＿＿＿＿, ＿＿＿＿

⑤ 大変だ ＿＿＿＿, ＿＿＿＿, ＿＿＿＿, ＿＿＿＿

⑥ 学生だ ＿＿＿＿, ＿＿＿＿, ＿＿＿＿, ＿＿＿＿

## practice

**3.** 다음 두 문장을 주어진 조건에 맞게 한 문장으로 바꾸시오.

① 19歳になる。運転免許がとれる。 ＜ば＞
→ _____。

② この道をまっすぐ行く。コンビニがあります。 ＜と＞
→ _____。

③ A：来週、東京に行くことになりました。
　 B：東京に行く。鈴木さんに連絡してください。 ＜なら＞
→ _____。

④ 読み終わる。本を貸してください。 ＜たら＞
→ _____。

**4.** 다음 문장을 읽고 틀린 곳을 찾아 바르게 고치시오.

① 春になるなら、桜が咲く。
→ _____。

② 横浜に行くと、買い物しよう。
→ _____。

③ 知っていると、買わなかったのに。
→ _____。

④ 母であれば出かけています。
→ _____。

---

**WORD**

知らせる 알리다 | 駅前 역 앞 | コンサート 콘서트 | かっこいい 멋있다 | 大変 큰일이다
運転免許をとる 운전면허를 따다 | コンビニ 편의점 | 買い物 물건을 삼, 쇼핑

# UNIT 13

# 화자의 심적 태도에 의한 다양한 표현법

일본어 문장은 명제(proposition)와 모달리티(modality)로 구성되어 있다고 할 수 있다. 명제란 그 문장이 전달하고자 하는 사항이나 내용을 말하며, 모달리티란 명제에 대한 화자의 심적 태도를 말한다.

1. 의무·권유·허가·금지
2. 판단
3. 의지·행위요구
4. 명령·의뢰·권유
5. 설명

# 1 의무·권유·허가·금지

| 종류 | 형식 |
|---|---|
| 의무, 필요를 나타내는 표현 | ～なければいけない, ～なければならない |
| 권유, 충고를 나타내는 표현 | ～ほうがいい |
| 허가, 허용을 나타내는 표현 | ～てもいい, ～なくてもいい |
| 금지를 나타내는 표현 | ～てはいけない |

(1) 「～なければいけない」, 「～なければならない」
~하지 않으면 안 된다, ~해야 한다.

반드시 해야만 하는 행위나 의무를 나타내는 표현이다. 「동사의 ない형 + なければいけない/なければならない」의 형태로 접속한다. 상대방에게 직접 행위를 요구하는 때에 주로 사용되지만, 자신이 해야 될 일이나 보편적으로 지켜져야 할 사항을 서술하는 경우에도 사용할 수 있다. 「～ならない」는 사회적 상식 등에 사용하는 경우가 많다.

レポートは明日までに提出し**なければいけません**。
레포트는 내일까지 제출하지 않으면 안 됩니다.

子どもと一緒にお風呂に入るときは注意し**なければなりません**。
아이와 함께 목욕할 때에는 주의하지 않으면 안 됩니다.

(2) 「～ほうがいい」 ~하는 편이 좋다

상대방에게 권유나 충고를 하고자 할 때 사용한다. 「동사의 과거형/동사의 부정형(～ない) + ほうがいい」의 형태로 접속한다.

(風邪を引いた人に)今日はゆっくり休んだ**ほうがいい**ですよ。
(감기에 걸린 사람에게) 오늘은 푹 쉬는 편이 좋을 거예요.

寝る前にはコーヒーを飲まない**ほうがいい**。
자기 전에는 커피를 마시지 않는 편이 좋다.

(3) 「～てもいい」, 「～なくてもいい」 ~해도 좋다, ~하지 않아도 좋다

어떤 행위가 허락되었다는 것을 나타낸다. 자신의 행위에 대해 의문문의 형태로 표현할 경우 상대방에게 허락을 묻는 표현으로 사용할 수 있다.

課長、3時ごろ戻っ**てもいい**でしょうか。 과장님, 3시쯤에 돌아와도 될까요?
用事があったら、今日は来**なくてもいい**よ。
일이 있으면 오늘은 오지 않아도 돼.

レポート 레포트
提出ていしゅつする 제출하다
お風呂ふろに入はいる 목욕하다
注意ちゅういする 주의하다
風邪かぜを引ひく 감기 걸리다
ゆっくり 천천히
用事ようじ 용건

(4) 「～てはいけない」 ~해서는 안 된다

「～てはいけない」는 금지의 의미를 나타낸다. 일반적인 규칙에 대해서 사용할 수도 있고 개별적인 사항에 대해서도 사용할 수 있다.

薬を飲んでいる時は酒を飲んではいけない。
약을 먹고 있을 때는 술을 마시면 안돼.

明日は会議がありますから、遅れてはいけませんよ。
내일은 회의가 있기 때문에 늦어서는 안돼요.

흔히 아랫사람에게 쓰는 표현이지만 「ことになっている」 등과 같이 사용할 경우 규칙으로써 혹은 일반적으로 금지되어 있다는 의미가 된다.

韓国では食堂の中でたばこを吸ってはいけないことになっています。
한국에서는 식당 안에서 담배를 피워서는 안 되게 되어 있습니다.

会議かいぎ 회의
食堂しょくどう 식당
たばこを吸すう 담배를 피우다
りんご 사과

# 2 판단

| 종류 | 형식 |
|---|---|
| 단정을 나타내는 표현 | ～だ，～です |
| 단정을 피하는 표현 | ～だろう，～でしょう，～と思う |
| 가능성을 나타내는 표현 | ～かもしれない |
| 확신을 나타내는 표현 | ～はずだ，～にちがいない |
| 양태를 나타내는 표현 | ～そうだ |
| 상황으로부터의 판단을 나타내는 표현 | ～ようだ，～みたいだ，～らしい |
| 전문을 나타내는 표현 | ～そうだ |

(1) 「～だ」「～です」 ~이다, ~입니다

어떤 사항을 단정하여 말할 때 사용한다.

あの人は学校の先生だ。 저 사람은 학교 선생님이다.

このりんごはおいしいです。 이 사과는 맛있습니다.

(2) 「〜だろう」, 「〜でしょう」, 「〜と思う」  〜일 것이다(〜겠지), 〜이겠죠, 〜라고 생각하다

「〜だろう」, 「〜でしょう」는 불확실한 것에 대한 화자의 단순한 추측이나 상상을 나타낸다. 「たぶん」, 「おそらく」, 「きっと」등의 부사와 함께 쓰이는 경우가 많다. 「〜だろう」보다 「〜でしょう」가 더 정중한 표현이다.

**あの人は学校の先生だろう。** 저 사람은 학교 선생님일 것이다.

**このりんごはたぶんおいしいでしょう。** 이 사과는 아마 맛있을 거예요.

상승조(↗)의 억양으로 물으면 상대방의 의향을 묻거나 상대방에게 화자의 생각이 맞는지 확인하는 표현이 된다.

**あなたもそうでしょう(↗)。** 당신도 그렇죠?

「〜だろう」와 거의 같은 의미로 화자의 개인적, 주관적인 생각을 나타내기 위한 표현으로 「〜と思おもう」가 있다.

**彼女はパーティーに来ないと思います。**
그녀는 파티에 오지 않을 것 같습니다.

(3) 「〜かもしれない」  〜일지도 모른다

「〜かもしれない」는 확실치는 않지만 가능성이 있음을 나타낸다. 「もしかすると 혹시」, 「ひょっとすると 어쩌면」 등의 부사와 함께 쓰이는 경우가 많다.

**急いで行ったら、間に合うかもしれない。**
서둘러 가면 시간에 맞출 수 있을지도 몰라.

**鈴木さんは来ないかもしれません。** 스즈키 씨는 안 올지도 모릅니다.

(4) 「〜はずだ」, 「〜にちがいない」  〜일 터이다, 〜임에 틀림없다

「〜はずだ」는 어떠한 근거를 바탕으로 생각하여 자신이 확신할 수 있는 사항에 대해 나타내는 표현이다. 「たぶん 아마」, 「おそらく 아마」나 가능성이 높음을 나타내는 「きっと 틀림없이」 등의 부사와 함께 사용되는 경우가 많다.

**今2時だから郵便局は開いているはずだよ。**
지금 2시니까 우체국은 열려 있을 거야.

**私が確認した時、彼も参加すると言っていましたから、きっと来るはずです。**
내가 확인했을 때 그도 참가한다고 했기 때문에 틀림없이 올 것입니다.

반면 「〜にちがいない」는 직감적인 확신에 의한 자신의 주관적인 생각을 나타낸다. 회화체에서는 「〜に決きまっている(반드시 〜하다)」를 많이 사용한다.

**WORD**

たぶん 아마
おそらく 어쩌면
きっと 분명히
急いそぐ 서두르다
郵便局ゆうびんきょく 우체국
確認かくにんする 확인하다
参加さんかする 참가하다

彼女は今ごろゴルフに熱中しているにちがいない。
그녀는 지금쯤 골프에 열중하고 있음이 틀림없다.

부정형은「〜はずがない」와「〜ないはずだ」를 모두 사용 할 수 있다. 이 경우 두 문장은 내용은 거의 같으나「〜はずがない」쪽이 더 강한 부정이 된다.

鈴木さんは今韓国にいるはずがない。 스즈키 씨는 지금 한국에 있을 리 없다.
鈴木さんは今韓国にいないはずだ。 스즈키 씨는 지금 한국에 없을 것이다.

(5) 「〜そうだ」(양태, 예상)  〜인(〜한) 듯하다, 〜인(〜한) 것 같다, 〜해 보이다

어떤 대상의 외관의 인상으로부터 그 성질을 추측해서 진술하는 의미를 나타낸다.

| 품사 | 접속 방법 | 예시 |
|---|---|---|
| 동사 | 「ます형」+そうだ | 雨が降りそうだ 비가 올 것 같다 |
| い형용사 | 어간+そうだ | おいしそうだ 맛있어 보인다 |
| な형용사 | 어간+そうだ | 親切そうだ 친절한 것 같다 |

* 양태의 용법을 나타내는「〜そうだ」는 명사에 붙여 쓸 수 없다. 명사를 양태의 의미로 쓸 때는「〜のようだ」에 접속하여 쓴다.
* い형용사 중「いい」는「よさそうだ」,「ない」는「なさそうだ」로 활용한다.

今いまごろ 이맘때
熱中ねっちゅうする
  열중하다
親切しんせつだ 친절하다
便利べんりだ 편리하다

##  「そうだ」의 부정형

① 「동사+そうだ」의 부정

 (a) 「동사의 ます형+そうにない/そうもない」
  雨が降りそうだ。 비가 내릴 것 같다.
  → 雨が降りそうにない。 비가 내릴 것 같지 않다.
  → 雨が降りそうもない。 비가 내릴 것 같지도 않다.

 (b) 「동사의 ない형+なそうだ」
  雨が降りそうだ。 비가 내릴 것 같다.
  → 雨が降らなそうだ。 비가 내리지 않을 것 같다.
  → 雨が降らなさそうだ。 비가 내리지 않을 것 같다.(비문법적이지만 흔히 사용됨)

② 「い형용사/な형용사+そうだ」의 부정

 형용사의 부정은「い형용사의 어간+〜くなさそうだ/〜そうではない」「な형용사의 어간+〜では(じゃ)なさそうだ/〜そうではない」의 형태를 취한다.
 このカメラは便利そうだ。 이 카메라는 편리할 것 같다.
  → このカメラは便利ではなさそうだ。 이 카메라는 편리하지 않을 것 같다.
  → このカメラは便利そうではない。 이 카메라는 편리할 것 같지 않다.

(6) 「~ようだ」, 「~みたい(だ)」 ~인(~한) 것 같다

확실히 단정할 수 없지만 화자의 체험이나 경험적인 판단에 근거하여 「그렇게 생각한다」거나 「그런 느낌이 든다」와 같이 추량을 말할 때 사용한다. 「~ようだ」와 「~みたい(だ)」는 의미적인 차이는 없지만 「~ようだ」는 문어체나 격식 차린 말투인데 반해 「~みたいだ」는 친근한 사이에 격의 없이 사용하는 말로 회화체에 쓰인다.

| 품사 | 접속 방법 | 예시 |
|---|---|---|
| 동사 | 기본형+ようだ/みたい(だ) | 来るようだ/来るみたい<br>오는 것 같다 |
| い형용사 | 기본형+ようだ/みたい(だ) | やすいようだ/やすいみたい<br>싼 것 같다 |
| な형용사 | 명사수식형+ようだ<br>어간+みたい(だ) | まじめなようだ<br>まじめみたい<br>성실한 것 같다 |
| 명사 | 명사+の+ようだ<br>명사+みたいだ | 雨のようだ<br>雨みたい<br>비가 올 것 같다 |

家の前に車が止まっています。誰か来たようです。
집 앞에 차가 세워져 있어요. 누가 온 것 같아요.

家の前に車が止まっています。誰か来たみたいです。
집 앞에 차가 세워져 있어요. 누가 온 것 같아요.

(会議で議長が)全員そろったようですので、会議を始めたいと思います。
(회의에서 의장이)전원 모인 것 같으니, 회의를 시작하고자 합니다.

(友だち同士で)休みみたいだから、別の本屋に行こう。
(친구들끼리)쉬는 날 같으니 다른 서점에 가자.

 「~ようだ」와「~みたいだ」의 그 밖의 용법

「~ようだ」「~みたいだ」는 추량의 의미 외에 비유나 예시의 의미로도 사용된다.

① 「비유」: 마치 ~와 같다(「まるで ~ようだ」)

「~ようだ」, 「~みたいだ」는 사물을 다른 어떤 것과 비교해서 「마치 ~인 것 같다」라는 뜻을 표현할 때 쓴다. 주로 「まるで 마치」, 「ちょうど 마치, 꼭」, 「あたかも 흡사」와 같은 표현을 동반해서 쓴다.

金先生の研究室はまるでホテルのようです。
김 선생님의 연구실은 마치 호텔 같습니다.

あの人はまるで韓国人みたいです。
저 사람은 마치 한국인 같습니다.

---

**WORD**

まじめだ 성실하다
議長ぎちょう 의장
全員ぜんいん 전원
そろう 갖추어지다, 모이다
~同士どうし ~끼리
別べつの 다른, 별도의
本屋ほんや 서점

② 「예시」: ~처럼 ~같은

「~ようだ」는 「~ように」, 「~ような」의 형태로 예시의 의미로도 사용할 수 있다.

日本人のように日本語が上手ですね。
일본인처럼 일본어를 잘 하시네요.

そのようなことがあってはいけない。
그러한 일이 있어서는 안 된다.

---

(7) 「~らしい」 ~인(~한) 것 같다, ~인(~한) 듯하다, ~라고 하다

타인의 이야기를 들었거나 책 내용 등 간접적으로 얻은 정보를 근거로 하는 추측을 나타낸다. 추측의 의미를 나타내는 「~ようだ」, 「~そうだ」에 비해서 추측에 대한 확신도가 낮다.

| 품사 | 접속 방법 | 예시 |
|---|---|---|
| 동사 | 기본형+らしい | 行くらしい 갈 것 같다 |
| い형용사 | 기본형+らしい | 涼しいらしい 시원한 것 같다 |
| な형용사 | 어간+らしい | 暇らしい 한가한 것 같다 |
| 명사 | 명사+らしい | 学生らしい 학생인 것 같다 |

山田は洋子のことをあきらめたらしい。
야마다는 요코를 포기한 것 같다.

(うわさによると)田中さんは来年、東京へ引っ越すらしいです。
(소문에 의하면) 다나카 씨는 내년에 도쿄로 이사를 간다고 합니다.

###  「~らしい」와「~ようだ/~みたいだ」의 차이

① 「~らしい」가 추측을 나타낼 때는 「~ようだ/みたいだ」와 비슷한 의미로 쓰이며, 전문의 의미를 나타낼 때는 전문의 「~そうだ」와 비슷한 의미로 쓰인다.

山田は洋子のことをあきらめたらしい。
야마다는 요코를 포기한 것 같다. (간접적인 정보 → 자신의 판단이 적음)

山田は洋子のことをあきらめたようだ。
야마다는 요코를 포기한 것 같다. (확신할 수 있는 정보)

② 외부의 사항을 판단근거로 사용하는 표현이기 때문에 자신의 일에 대해 사용하면 부자연스러운 표현이 된다. 또한 「~らしい」를 사용하면 판단의 책임이 자신에게 없는 것처럼 책임을 회피하는 듯한 인상을 줄 수 있으므로 주의하여야 한다.

**WORD**

研究室(けんきゅうしつ) 연구실
あってはいけない 있어서는 안 되다
涼(すず)しい 시원하다
暇(ひま)だ 한가하다
あきらめる 포기하다
引(ひ)っ越(こ)す 이사하다

（私）頭痛があるらしいです。（×）
（私）頭痛があるようです。（○） (저) 두통이 있는 것 같습니다.
患者：せきがでて、熱があるんですが。 기침이 나고 열이 있는데요.
医者：かぜのようですね。（○） 감기에 걸린 것 같은데요.
医者：かぜらしいですね。（×）

③ 「～らしい」는 「～답다, ～다운」의 의미로서 접미어적 용법으로도 사용된다.

명사+「らしい」: ～다운, ～답다
**男らしい**男がいないです。 남자다운 남자가 없습니다.

형용사 어간+「らしい」: ～로서의 성질/색채가 짙다
**かわいらしい**です。 귀염성이 있습니다.

## (8) 「～そうだ」 ～라고 한다, ～라더라, ～래 (전문)

「～そうだ」는 전문(伝聞), 즉 남에게서 듣거나 어디선가 읽어서 알고 있는 사항을 나타내는 표현이다. 그 정보를 얻은 출처를 나타내는 「～によると」, 「～の話では」 등이 같이 사용되는 경우가 많다.

| 품사 | 접속 방법 | 예시 |
|---|---|---|
| 동사 | 기본형+そうだ | 行くそうだ 간다고 한다 |
| い형용사 | 기본형+そうだ | おいしいそうだ 맛있다고 한다 |
| な형용사 | 기본형+そうだ | きれいだそうだ 예쁘다고 한다 |
| 명사 | 명사+だ+そうだ | 学生だそうだ 학생이라고 한다 |

今度、新しい先生が来るそうだ。 이번에 새로운 선생님이 온대.

うどんはもう売り切れだそうです。 우동은 다 팔렸다고 합니다.

* 「～らしい」는 정보의 출처가 불명확한 경우에 주로 사용되는 경향이 있는 반면 「～そうだ」는 들은 것을 그대로 전달, 보고하는 느낌이 강하다.

うわさによると鈴木さんは来月ソウルへ引っ越すらしいですよ。
소문에 의하면 스즈키 씨는 다음 달에 서울로 이사한다고 합니다.

本人に聞いたんですが、鈴木さんは来月引っ越すそうですよ。
본인에게 들었습니다만, 스즈키 씨는 다음 달에 이사한다고 합니다.

---

**WORD**

頭痛ずつう 두통
せき 기침
熱ねつ 열
～によると ～에 의하면
もう 이미, 벌써
売り切れ 매진
うわさ 소문
本人ほんにん 본인

# 3 의지·행위요구

의지를 나타내는 표현에는 「~(よ)う」, 「~つもりだ」, 「~ことにする」 등이 있으며 행위요구(願望がんぼう)를 나타내는 표현에는 「~ほしい」, 「~たい」 등이 사용된다.

(1) 「~(よう)」 ~하자

| 품사 | 접속 방법 | 예시 |
|---|---|---|
| 동사 | 의지형+(よ)う | 読よもう 읽자   食たべよう 먹자   しよう 하자 |

자신이 어떤 행위를 할 의지가 있다는 것을 나타내거나 상대방에게 같이 하자고 권유하는 의미로 쓰인다. 자신의 의지임을 나타내는 경우 「~と思おもう」란 표현을 같이 쓰는 경우가 많다.

今日きょうは早はやく行いこうと思おもっています/と思おもいます。
오늘은 빨리 가려고 생각하고 있습니다.

今夜こんやは早はやく寝ねよう。 오늘 밤은 빨리 자자.

(2) 「~つもりだ」 ~할 작정이다, ~할 생각이다

| 품사 | 접속 방법 | 예시 |
|---|---|---|
| 동사 | 기본형+つもりだ | 帰かえるつもりだ 돌아갈(올) 예정이다 |

「~つもりだ」는 화자의 개인적인 의지나 예정을 나타낸다. 「~予定よていだ ~할 예정이다」와 비슷하나 「~予定よていだ」는 구체적인 일정이 정해진 경우 사용된다.

冬休ふゆやすみに日本にほんへ行いくつもりです。 겨울방학에 일본에 갈 생각입니다.

明日あしたは友達ともだちと遊あそびに行いく予定よていです。 내일은 친구랑 놀러 갈 예정입니다.

다음과 같이 그 자리에서 즉흥적으로 결정한 사항에 대해 사용하는 것은 부자연스러우며, 부정형은 「~ないつもりだ」의 형태로 사용한다.

A: 雨あめが降ふりそうですよ。 비가 내릴 것 같습니다.

B: じゃあ、傘かさを持もっていくつもりです。 (×)

→ じゃあ、傘かさを持もっていきます/持もっていくことにします。
   그럼 우산을 가지고 가겠습니다.

今回こんかいは参加さんかしないつもりです。 이번에는 참가하지 않을 생각입니다.

こんやこんや 오늘밤
冬休ふゆやすみ 겨울방학
遊あそびに行いく
  놀러가다
~予定よていだ
  ~할 예정이다
傘かさ 우산

「~つもりはない」의 형태로 상대방의 권유를 거절하는 경우와 같이 강한 부정의 의미로 사용되므로 주의해야 한다.

A : 彼女に 謝ったらどうですか。 그녀에게 사과하는 게 어때요?
B : いいえ、謝るつもりはありません。 아뇨, 사과할 생각이 없어요.

(3) 「~ことにする/~ことになる」 ~하기로 하다/~하게 되다

| 품사 | 접속 방법 | 예시 |
|---|---|---|
| 동사 | 기본형+ことにする | 書くことにする 쓰기로 하다 |
|  | 기본형+ことになる | 書くことになる 쓰게 되다 |

❶ 「~ことにする」는 어떤 행위를 하기로 하였다는 자신의 결심을 나타낸다. 보통은 「た」형으로 이미 결심했다고 하는 의미를 나타내는 경우가 많으나 「る」형을 사용해 그 자리에서의 결심을 나타낼 수도 있다.

夏休みに国へ帰ることにした。
여름방학에 귀국하기로 했다.

毎朝30分ずつ運動することにしています。
매일 아침 30분씩 운동하기로 하고 있습니다.(자신의 습관)

❷ 「~ことになる」는 필연적이거나 또는 외적인 요인에 의해 「~하게 되다」라는 의미를 나타낸다. 결정된 규칙이나 풍습, 습관은 「~ことになっている ~하게 되어있다」의 형태를 사용한다. 하지만 한국어와는 달리 「結婚することになる 결혼하게 되다」의 경우처럼 자신의 의지에 의한 행위에 대해서도 「~ことになる」란 표현을 사용하기도 한다.

今年の6月に結婚することになりました。
올 6월에 결혼하게 되었습니다.

燃えないゴミは、毎週の金曜日に出すことになっている。
불가연 쓰레기는 매주 금요일에 버리게 되어 있다.

(4) 「~ようにする/~ようになる」 ~하기로 하다/~하게 되다

| 품사 | 접속 방법 | 예시 |
|---|---|---|
| 동사 | 기본형+ようにする | 書くようにする 쓰기로 하다 |
|  | 기본형+ようになる | 書くようになる 쓰게 되다 |

❶ 「~ようにする」는 어떠한 작용을 가해 상태를 변화하도록 한 것을 나타내거나, 습관적으로 어떠한 행동을 변화시키기로 한 것을 나타낸다.

カーペットを敷いて、音がしないようにした。
카펫을 깔아서 소리가 나지 않게 했다.

毎朝パンを食べるようにした。 매일 아침 빵을 먹기로 했다.

**WORD**

謝る 사과하다
国へ帰る 귀국하다
~ずつ ~씩
燃えないゴミ 불가연 쓰레기
カーペット 카펫
敷く 깔다
音がする 소리가 나다

❷ 「~ようになる」는 이전과 달리 변화된 상태를 나타낸다.

カーペットを敷いたら、音がしないようになった。
카펫을 깔았더니 소리가 나지 않게 되었다.

毎朝パンを食べるようになった。 매일 아침 빵을 먹게 되었다.

(5) 「ほしい」 ~을/를 갖고 싶다

「ほしい」는 화자의 희망을 나타내는 형용사이다. 우리말로는 「~을/를 갖고 싶다」로 갖고 싶은 대상물에 조사 「~을/~를」을 사용하지만 일본어에서는 조사 「が」를 사용해 「~がほしい」로 나타내야 한다.

新しい自転車がほしいです。 새 자전거를 갖고 싶습니다.

화자가 아닌 제3자의 희망을 나타낼 때에는 「ほしい」에 「~がる」를 붙여서 동사화한 「ほしがる」를 사용해야 한다. 보통 회화체에서는 「~をほしがっている」의 형태로 쓴다.

妹は新しいかばんをほしがっています。
여동생은 새 가방을 갖고 싶어 합니다.

자신 이외의 사람이 어떤 행위를 할 것을 바라는 경우 「(~に) ~てほしい」라는 문형을 사용한다.

昨日のことは忘れてほしい。 어제 일은 잊어줬으면 좋겠어.

あなたに来てほしいです。 당신이 와 줬으면 좋겠어요.

(6) 「~たい」 ~하고 싶다

「~たい」는 화자의 어떤 행위에 대한 바람을 나타낸다.

| 품사 | 접속 방법 | 예시 |
|---|---|---|
| 동사 | ます형+たい | 書きたい 쓰고 싶다 |

早く家に帰りたいです。 빨리 집에 돌아가고 싶습니다.

友だちと遊びたい。 친구와 놀고 싶다.

우리말로는 「~을(를) 하고 싶다」로 대상을 나타내는 조사는 「~을(를)」을 사용하지만 일본어에서는 조사 「が」를 사용한다. 하지만 최근에는 조사 「を」를 그대로 쓰는 경우가 많다. 특히 「電話をかける 전화를 걸다」, 「掃除をする 청소를 하다」, 「アイロンをかける 다림질을 하다」 와 같이 「명사+を+동사」의 연결이 강한 경우나 또는 「田中さんを呼ぶ」와 같이 대상이 사람인 경우는 「~を~たい」를 쓰는 것이 자연스럽다.

パン 빵
自転車 じてんしゃ 자전거
妹 いもうと 여동생
忘わすれる 잊다

きれいに掃除をしたいです。 깨끗이 청소를 하고 싶습니다.

誕生日のパーティーに田中さんを呼びたいです。
생일 파티에 다나카 씨를 부르고 싶습니다.

화자가 아닌 제3자의 희망이나 욕구를 나타낼 때에는「たがる ~하고 싶어 하다」를 사용해야 한다.「~たがる」의 앞의 조사는「を」를 사용한다. 이때「~を~たがる」는 보편적인 희망을 나타내며「~を~たがっている」는 개별적인 희망을 나타낸다.

学生は良い成績を取りたがる。 학생은 좋은 성적을 받고 싶어 한다.

田中さんはおいしいコーヒーを飲みたがっています。
다나카 씨는 맛있는 커피를 마시고 싶어 합니다.

그밖에「~と言っています」를 사용해 인용의 형태로 만들거나「~そうだ」,「~ようだ」를 사용해 전문이나 화자의 판단의 형태로 나타내면 제3자의 행위요구를 나타낼 수 있다.

田中さんはおいしいコーヒー(を/が)飲みたいと言っています。
다나카 씨는 맛있는 커피를 마시고 싶다고 말하고 있습니다.

田中さんはおいしいコーヒー(を/が)飲みたいようです。
다나카 씨는 맛있는 커피를 마시고 싶은 것 같습니다.

掃除そうじ 청소
呼よぶ 부르다
成績せいせきをとる
성적을 받다

# 4 명령·의뢰·권유

| 종류 | 형식 |
|---|---|
| 명령을 나타내는 표현 | ～なさい，～しろ(명령형)，～な(금지형) |
| 의뢰를 나타내는 표현 | ～てください，～てくださいませんか，<br>～てくれ，～て |
| 권유를 나타내는 표현 | ～ましょう，～ましょうか，～ませんか，<br>～(よ)う，～(よ)うか，～ないか |

(1) 「～なさい」「～しろ(명령)」「～な(금지)」 ～해라, ～해라, ～하지 마

어떤 행위를 할 것을 상대에게 명령하는 것으로 원칙적으로 화자가 청자보다 윗사람이거나 상사일 경우 사용되는 표현이다.

❶ 「～なさい」: 부모→자식, 교사→학생 등의 사이에서 흔히 사용되는 명령표현이다.

| 품사 | 접속 방법 | 예시 |
|---|---|---|
| 동사 | ます형+なさい | 行きなさい 가라 |

早く起きなさい。 빨리 일어나.
ちゃんと食べなさい 제대로 먹어라.

❷ 「しろ(명령형)」: 명령형은 주로 남성이 다른 사람에게 명령하는 표현이다.

| 품사 | 접속 방법 | 예시 |
|---|---|---|
| 1그룹 동사 | 어미「う」단→「え」단 | 売る → 売れ 팔아라 |
| 2그룹 동사 | 어미「る」삭제+ろ | 食べる → 食べろ 먹어라 |
| 3그룹 동사 | 불규칙적으로 활용 | する → しろ 해라<br>来る → 来い 와라 |

> **WORD**
> 売(う)る 팔다
> 勝手(かって)なことをする
> 제멋대로 하다

❸ 「～な」: 「～な」의 형태는 어떤 행위를 하지 말도록 명령(금지)하는 표현이다. 일반적으로 여성은 사용하지 않으며 남성이 사용하는 경우에도 상대방이 자녀, 형제, 친한 친구 등 격식 없는 사이에 주로 사용한다.

| 품사 | 접속 방법 | 예시 |
|---|---|---|
| 동사 | 사전형+な | 行くな 가지 마 |

勝手なことをするな。 멋대로 하지 마.

❹ 기타 : 그 밖에「～しろ」「～な」가 사용되는 것은 다음과 같은 경우이다.

    a. 교통 표지나 벽보 등 불특정 다수에게 지시내용을 사무적으로 전하는 경우

      止まれ。 정지

      ペンキぬりたて。さわるな。 페인트를 금방 칠했음. 손대지 말 것.

    b. 명령의 의미를 갖는 발언을 인용하는 경우

      社長は明日までに契約書を作成しろとおっしゃいました。
      사장님께서는 내일까지 계약서를 작성하라고 말씀하셨습니다

    c. 긴급한 경우나 싸움을 할 때

      あっ、火事だ。早く消せ。 앗, 불이다. 빨리 꺼.

      ふざけるな。 까불지 마.

(2)「～てください」,「～てくださいませんか」,「～てくれ」,「～て」
    ～해 주세요, ～해 주지 않겠습니까, ～해 줘, ～해

    상대방에게 어떤 행위를 하도록 부탁하는 표현이다.

❶「～てください」는 오직 의뢰를 나타낼 때 사용하는 형식이다. 정중형이기는 하나 직접적인 표현이기 때문에 장면에 따라서는 실례가 될 수 있다.

    ここに名前を書いてください。
    여기에 이름을 써 주세요.

    (銀行で)千円札に両替してください。(○)
    (은행에서) 천 원짜리 지폐로 바꿔 주세요.

    (駅の売店で)千円札に両替してください。(△)
    (역 매점에서) 천 원짜리 지폐로 바꿔 주세요.

    → 千円札に両替してくださいませんか。
        천 원짜리 지폐로 바꿔 주시지 않겠습니까?

❷「～てくださいませんか」는 상대방의 의향을 물어봄으로써 의뢰의 의미를 나타낸다. 직접적인 의뢰인「～てください」보다 간접적인 표현이 되기 때문에 정중도가 높다. 상대에게 부탁하기 어려운 상황에서 사용하면 더 정중한 표현이 될 수 있다.

    この問題がよく分かりませんが、説明してくださいませんか。
    이 문제를 잘 모르겠습니다만, 설명해 주시지 않겠습니까?

    もしできれば、明日の会議の準備を手伝ってくださいませんか。
    혹시 가능하면 내일 회의 준비를 도와주지 않겠습니까?

---

**WORD**

塗ぬる 칠하다
～たて 방금 ~한 것
さわる 만지다
契約書けいやくしょ 계약서
作成さくせいする 작성하다
火事かじ 화재
ふざける 까불다
銀行ぎんこう 은행
両替りょうがえする 환전하다
売店ばいてん 매점
準備じゅんび 준비
手伝てつだう 돕다

❸ 「〜てくれ」는 가족과 친구들에게 남성들이 즐겨 쓰는 말로「よ」를 붙인 형태로도 자주 쓰인다.「〜て」는「〜てくれ」보다 좀 더 부드러운 표현으로 부탁하고자 할 경우「〜て」를 사용한다. 문장 끝에「ね」를 붙이면 표현이 조금 더 부드러워진다.

それ、ちょっと見せてくれよ。 그거 좀 보여줘.

後で、もう一度電話してね。 나중에 한 번 더 전화 해 줘.

(3) 「〜ましょう」、「〜ましょうか」、「〜ませんか」、「〜(よ)う」、「〜(よ)うか」、「〜ないか」
〜합시다, 〜할까요?, 〜하지 않겠습니까?, 〜하자, 〜할까?, 〜하지 않을래?

「〜ましょう」、「〜ましょうか」、「〜ませんか」는 권유의 표현으로 화자가 하는 행위를 상대방도 하도록 제안하는 것을 가리킨다.「〜(よ)う」、「〜(よ)うか」、「〜ないか」는 친한 사이에서 사용하는 표현이다.

| 형태적 특징 | 형식 |
|---|---|
| 의지의 표현(동사의 의지형) | 〜ましょう、〜(よ)う |
| 의지의 표현이 의문의 형태로 된 것 | 〜ましょうか、〜(よ)うか |
| 부정의문의 형태 | 〜ませんか、〜ないか |

一緒に食事に行きましょう。 같이 식사하러 갑시다.

一緒に食事に行こう。 같이 식사하러 가자

そろそろ出発しましょうか。 슬슬 출발할까요?

そろそろ出発しようか。 슬슬 출발할까?

研究会に参加しませんか。 연구회에 참가하지 않겠습니까?

研究会に参加しないか。 연구회에 참가하지 않을래?

상대방의 의향을 존중하는 표현을 하고 싶다면「〜ませんか」가 적당하지만 예정된 사항에 대해 사용하면 어색하다.

それでは、会議をはじめましょう。(○)

그럼, 회의를 시작합시다.(○)

それでは、会議をはじめましょうか。(○)

그럼, 회의를 시작할까요.(○)

それでは、会議をはじめませんか。(?)

그럼, 회의를 시작하지 않겠습니까.(?)

WORD
後あとで 나중에
そろそろ 슬슬
出発しゅっぱつする 출발하다
研究会けんきゅうかい 연구회

# 5 설명

설명을 나타내는 표현은 「문(文)」을 선행문맥과 관련지어 제시할 때 어떻게 관련지어 표현하는지를 나타내는 것으로 대표적으로 「〜のだ」, 「〜わけだ」, 「〜ものだ」, 「〜ことだ」 등이 있다.

(1) 「〜のだ(〜んだ)」

❶ 앞의 문장이나 상황의 이유를 설명하는 경우

すみません。遅れました。台風で電車が止まったのです。
죄송해요. 늦었습니다. 태풍으로 전철이 멈췄거든요.

(ようやく完成したレポートを見せながら)昨日夜遅くまでやったんです。(겨우 완성한 레포트를 보여주며) 어젯밤 늦게까지 했거든요.

❷ 선행문맥에서 제시된 내용의 사정이나 귀결 등을 화자 자신이 파악하는 경우

あいつ、来ないな。きっと自信がなくなったんだ。
그 녀석, 오지 않네. 분명 자신이 없어진 거야.

❸ 자신의 상황을 고백하거나 지시할 때

実は、この映画、昨日友だちと見たんだ。
실은 이 영화 어제 친구와 봤거든.

(二十歳の妹に)自分のことは自分が責任をとるんだ。
(스무살 여동생에게) 자신의 일은 자신이 책임을 지는 거야.

(2) 「〜わけだ」

❶ 선행문맥에서 논리적인 필연성이 있는 귀결 또는 결과를 나타낸다.

山田さんと田中さんが来なかった。つまり、パーティーには韓国人しか来なかったわけだ。
야마다 씨와 다나카 씨는 오지 않았다. 결국 파티에는 한국인밖에 오지 않았던 것이다.

❷ 선행문맥에서 제시된 내용의 사정이나 귀결 등을 화자 자신이 파악하는 경우

電車で30分、バスで40分か。学校までは1時間10分かかるわけだ。
전철로 30분, 버스로 40분이란 말이지. 학교까지는 1시간 10분 걸리는구나.

❸ 선행문맥에서 필연성이나 논리성이 약해지면 환언에 가까운 의미를 나타내게 된다.

彼女も申し込みをしていました。彼女も参加を決めたわけです。
그녀도 신청했어요. 그녀도 참가를 결심한 거예요.

---

**WORD**

台風(たいふう) 태풍
ようやく 겨우
完成(かんせい)する 완성하다
二十歳(はたち) 스무살
責任(せきにん)をとる 책임을 지다
申(もう)し込(こ)み 신청
〜を決(き)める 〜하기로 결정하다

(3) 「～ことだ」

- ❶ 조언, 충고를 나타내는 용법
  
  風邪でしたら、ゆっくり休むことです。
  
  감기에 걸렸다면 푹 쉬는 거예요.

- ❷ 감동, 놀라움
  
  一人で一年の海外旅行に行くなんて、すごいことだ。
  
  혼자서 1년 동안 해외여행을 가다니, 대단하구나.

(4) 「～ものだ」

- ❶ 본성·본질
  
  人生はさびしいものです。 인생은 외로운 겁니다.(외로운 법입니다)

- ❷ 당위
  
  学生は勉強するものだ。 학생은 공부해야만 한다.
  
  * 본성·본질, 당위 용법에서는 일반적인 명사만이 주어로 올 수 있다.「きみ」,「金さん」과 같은 개별적인 명사는 주어로 올 수 없다.

- ❸ 회상
  
  昔、ここでよく遊んだものだ。 옛날에 여기에서 자주 놀았었지.
  
  * 회상 용법에서는 주어가 문장에 나타나지 않는다.

- ❹ 감개
  
  大人なのに、よくそんなうそができるもんだ。
  
  어른임에도 그런 거짓말을 잘도 할 수 있구나.
  
  (大雨を眺めながら) よく降るもんだ。
  
  (큰 비를 바라보며) 잘도 내리는구만.
  
  *「～ものだ」는 회화체에서 「～もんだ」의 형태로 자주 쓰인다.

～なんて ～하다니, 놀라움
人生じんせい 인생
寂さびしい 외롭다, 쓸쓸하다
昔むかし 옛날
大人おとな 어른
眺ながめる 바라보다

# UNIT 13 연습문제

**1.** 다음 ( ) 안에 들어갈 알맞은 말을 고르시오.

① 雨が降り（　　）。

　① みたいです　　② ようです　　③ らしいです　　④ そうです

② 今日からここで働く（　　）。

　① つもりです　　　　　　② ことです
　③ ことになりました　　　④ 予定になりました

③ 危ないからここには絶対に入る（　　）。

　① な　　　② ね　　　③ よ　　　④ か

④ 林さんは水曜日に授業がありますので、今は学校にいる（　　）。

　① ことです　　② はずです　　③ ところです　　④ つもりです

⑤ 友だちは新しいスマートフォンを（　　）。

　① ほしいです　　　　　　② ほしいます
　③ ほしがります　　　　　④ ほしがっています


**2.** 다음 대화문의 문맥에 맞게 알맞은 말을 보기에서 골라 문장을 완성하시오.

> そうです　　ようです　　らしいです

① A：お店の前に行列が出来ていますね。

　B：ラーメンがおいしい＿＿＿＿＿＿＿ね。

　A：そうみたいですね。

② A：いいにおい！

　B：おいし＿＿＿＿＿＿＿ね。

**3** A：えっ、田中さんが来週帰国するんですか

B：そうですよ。うわさによると、結婚する＿＿＿＿＿＿＿。

**4** A：曇っていますね。

B：天気予報によると、午後は雨だ＿＿＿＿＿＿＿。

**3.** 다음의 한국어 문장과 같은 의미가 되도록 주어진 단어를 사용하여 문장을 완성하시오.

**1** 食堂の中ではたばこを　　（吸う）　→ ＿＿＿＿＿＿＿＿＿＿＿。

식당 안에서는 담배를 <u>피워서는 안 됩니다</u>.

**2** このパソコンは重くて　　（便利だ）　→ ＿＿＿＿＿＿＿＿＿＿＿。

이 컴퓨터는 무거워서 <u>편리하지 않을 것 같아요</u>.

**3** 体の調子が悪い時は、早く（寝る）　→ ＿＿＿＿＿＿＿＿＿＿＿。

몸이 안 좋을 때에는 빨리 <u>자는 편이 좋아요</u>.

**4** 時間がありません。　　　（急ぐ）　→ ＿＿＿＿＿＿＿＿＿＿＿。

시간이 없어요. <u>서둘러 주세요</u>.

---

**WORD**

予定よてい 예정 | 絶対ぜったいに 절대로 | お店みせ 가게 | 行列ぎょうれつができる 줄이 생기다, 행렬이 만들어지다
帰国きこく 귀국 | うわさ 소문 | 曇くもる 흐리다 | 天気予報てんきよほう 일기예보 | 食堂しょくどう 식당 | 調子ちょうし 상태

# 경어(敬語)

경어란 화자가 청자나 대화 중 등장하는 화제의 인물에 대하여 경의나 정중한 기분을 나타낼 때 사용하는 말이며, 크게 존경어·겸양어·정중어로 나뉜다. 한국어와 일본어는 각각 절대경어와 상대경어를 사용한다는 점에서 다르다.

1. 존경어
2. 겸양어
3. 정중어

# 1 존경어

존경어란 화자가 청자나 제3자(화제 속의 인물)의 행위나 소유물 등을 높여서 표현함으로써 상대방에게 경의를 표현하기 위한 말이다.

## 1 존경동사(특수한 형태)

동사 그 자체에 존경의 의미가 담겨있는 것으로 특수한 형태가 사용된다.

| 기본형 | 존경동사 |
|---|---|
| する 하다 | なさる 하시다 |
| いる 있다 | いらっしゃる/おいでになる 계시다 |
| くる 오다 | いらっしゃる/おいでになる 오시다<br>見える/お見えになる/お越しになる 오시다 |
| 行く 가다 | いらっしゃる/おいでになる 가시다 |
| くれる 주다 | くださる 주시다 |
| 言う 말씀하시다 | おっしゃる 말씀하시다 |
| 見る 보다 | ご覧になる 보시다 |
| 飲む 마시다, 食べる 먹다 | 召し上がる 드시다 |
| もらう 받다 | お受け取りになる 받으시다 |
| 知っている 알고 있다 | ご存じだ 알고 계시다 |
| 寝る 자다 | お休みになる 주무시다 |
| 買う 사다 | お求めになる 사시다 |
| 着る, はく 입다 | 召す、召される、お召しになる 입으시다 |
| 見せる 보여 주다 | お示しになる 보여주시다 |
| 気に入る 마음에 들다 | お気に召される 마음에 드시다 |
| 年をとる 나이를 먹다 | お年を召される 연세가 드시다 |

明日はどこかへいらっしゃいますか。（行く） 내일은 어딘가 가십니까?

どちらからいらっしゃったのですか。（来る） 어디에서 오셨습니까?

先生は今日はずっと研究室にいらっしゃいます。（いる）
선생님은 오늘 계속 연구실에 계십니다.

* 「いらっしゃる」, 「おっしゃる」, 「くださる」, 「なさる」는 「ます형」과 접속할 때 어미가 「り」로 바뀌는 것이 아니라 「い」로 바뀐다. 즉 「いらっしゃいます」, 「おっしゃいます」, 「くださいます」, 「なさいます」의 형태가 되므로 주의하여야 한다.

## 2 동사의 존경표현

(1) 「お(ご)+ます형/동작성명사+になる」 ~하시다

이 표현은 비즈니스 장면 등 격식 있는 상황에서 많이 사용된다.

| 존경표현 만드는 방법 | 예시 |
| --- | --- |
| お(ご)+동사의 ます형/동작성명사+になる | 書く → お書きになる 쓰시다<br>読む → お読みになる 읽으시다<br>出かける → お出かけになる 외출하시다<br>利用する → ご利用になる 이용하시다 |

先生、どうやってお出かけになりますか。
선생님, 어떻게 외출하세요?

社長、今朝の新聞お読みになりましたか。
사장님, 오늘 아침 신문 읽으셨습니까?

只今、このエレベーターはご利用になれません。
지금, 이 엘리베이터는 이용하실 수 없습니다.

❶ 존경표현의 가능형 만드는 법

| 존경표현 | 가능형 |
| --- | --- |
| お(ご)+동사의 ます형/동작성명사+になる | お(ご)+ます형/동작성명사+になれる<br>お(ご)+ます형/동작성명사+いただける |

お書きになる 쓰시다 → お書きになれる 쓰실 수 있다
ご利用になる 이용하시다 → ご利用いただける 이용하실 수 있다

ずっと 쭉, 계속
研究室 けんきゅうしつ 연구실
利用 りよう する 이용하다
今朝 けさ 오늘 아침
ただいま 방금
エレベーター 엘리베이터

❷ 「お(ご)+ます형+になる」를 사용할 수 없는 경우

　a. 「いる」, 「見る」, 「着る」, 「寝る」, 「来る」와 같이 어간이 1음절인 동사는 이 형태로 만들 수 없고 존경동사(특수한 형태)로 써야한다.

　　お見になる（×）→ ご覧になる（○） 보시다

　b. 「出席する 출석하다」, 「乗車する 승차하다」, 「出発する 출발하다」, 「利用する 이용하다」, 「入場する 입장하다」 등에는 사용할 수 있지만, 「司会する 사회 보다」, 「散歩する 산책하다」, 「運転する 운전하다」, 「運動する 운동하다」, 「営業する 영업하다」 등은 사용하지 않는다.

　　ご司会になる（×）→ 司会なさる／司会される（○） 사회보시다

(2) 「お(ご)+ます형/동작성명사+です」 ～하십니다

社長がお呼びです。 사장님이 부르십니다.

先生は駅の改札口でお待ちです。
선생님은 역의 개찰구에서 기다리십니다.

この話、お分かりですか。
이 이야기 아십니까?

先生は最近どのようなテーマをご研究ですか。
선생님은 최근에 어떤 테마를 연구하십니까?

(3) 「お(ご)+ます형/동작성명사+ください」 ～해 주세요

상대방에게 정중하게 요구하거나 의뢰하는 표현으로 「～てください」보다 정중도가 높다.

貸す → お貸しください 빌려 주세요

お力をお貸しください。 힘을 빌려 주세요.

指導する → ご指導ください 지도해 주세요

これからもいろいろとご指導ください。
앞으로도 여러 가지로 지도해 주세요.

召し上がる → お召し上がりください 드세요

大したものではございませんが、どうぞお召し上がりください。
별 것 아니지만, 드세요.

**WORD**

司会 しかい 사회
改札口 かいさつぐち 개찰구
最近 さいきん 최근
大たいしたものだ 대단하다

(4) 「お(ご)+ます형/동작성명사+なさる」 ~하시다

약간 예스러운 말로 현재는 「お(ご)+ます형/동작성명사+になる」의 형태가 많이 쓰이고 있다.

話す → お話しなさる 말씀하시다

社長がみなさんの前でお話しなさる。
사장님이 모두들 앞에서 말씀하신다.

食事する → お食事なさる 식사하시다

社長はいつも社内食堂でお食事なさいます。
사장님은 언제나 사내식당에서 식사하십니다.

(5) 「~れる」「~られる」 ~하시다

「~れる」, 「~られる」를 붙여 존경어를 나타낼 수 있다. 존경의 정도가 위에서 배운 다른 표현방법에 비해 떨어지며 수동, 가능, 자발 등의 형태가 같아 문맥을 통해 구분해야 한다.

書く → 書かれる 쓰시다
どのような記事を書かれていますか。
어떤 기사를 쓰고 계십니까?

教える → 教えられる 가르치시다
金さんは大学で日本語を教えられています。
김○○ 씨는 대학에서 가르치십니다.

出席する → 出席される 출석하시다
課長は何時に出席されますか。
과장님은 몇 시에 출석하십니까?

 **WORD**
社内しゃない 사내
記事きじ 기사
課長かちょう 과장
出席しゅっせきする 출석하다

「運転うんてんする 운전하다」「ハラハラする 조마조마하다」「スケッチする 스케치하다」 등과 같이 일부의 する형 동사, 부사, 외래어 등에는 「お(ご)」를 붙일 수 없는 경우가 많기 때문에 「お(ご)」를 붙이지 말고 「する」의 특수존경표현인 「なさる/される」만 써도 충분히 존경의 의미를 나타낼 수 있다.
おはらはらになる (×) → はらはらなさる/はらはらされる (○) 조마조마해 하시다

## 3 명사의 존경어

(1) 접두어 「お」「ご」

원칙적으로 일본어 고유어(和語わご)에는 「お」를 붙이고 한어(漢語かんご)에는 「ご」를 붙인다. 하지만 예외로 「お掃除そうじ 청소」, 「お食事しょくじ 식사」, 「お電話でんわ 전화」, 「お料理りょうり 요리」, 「お勉強べんきょう 공부」, 「お宅たく 댁」, 「お時間じかん 시간」 등은 한어지만 「お」가 붙는다.

お名前なまえ 이름, おいくつ 몇 개, 몇 살, お住すまい 주거, お国くに 나라, お考かんがえ 생각, お気持きもち 기분, お手紙てがみ 편지, お美うつくしい 아름다우시다, お若わかい 젊으시다, お忙いそがしい 바쁘시다, お元気げんきだ 건강하시다, お上手じょうずだ 잘하시다, お綺麗きれいだ 예쁘시다

ご家族かぞく 가족, ご住所じゅうしょ 주소, ご立派りっぱだ 훌륭하시다

どちらにお住すまいですか。 어디에 사십니까?

こちらへお名前なまえとご住所じゅうしょをお書かきください。
이쪽에 이름과 주소를 써 주십시오.

お若わかく見みえますね。 젊게 보이시네요.

お忙いそがしいようですね。 바쁘신 것 같네요.

* 「お返事へんじ/ご返事 대답,답장」, 「お通知つうち/ご通知 통지」, 「お勉強べんきょう/ご勉強 공부」 등은 「お」, 「ご」를 양쪽 모두 사용할 수 있다. 상대방의 회사를 나타낼 경우는 「貴社きしゃ 귀사」, 「御社おんしゃ 귀사」로 나타낸다.

(2) 접미어 「さん」「様さま」

お母かあさん 어머니, お父とうさん 아버지, お嬢じょうさん 아가씨, 따님, 息子むすこさん 아드님, お子こさん 자녀분, お客様きゃくさま 손님

# 2 겸양어

화자 자신의 행위를 낮춤으로써 간접적으로 상대방에게 경의를 표현(상대방을 높이는)하는 말이다.

## 1 겸양동사(특수한 형태)

동사 그 자체에 겸양의 의미가 담겨있는 것으로 형태가 특수하므로 그대로 암기해야 한다.

| 기본형 | 겸양동사 |
|---|---|
| する 하다 | いたす, させていただく |
| いる 있다 | おる |
| くる 오다 | 伺う, 参る |
| 行く 가다 | 伺う, 参る |
| あげる 주다 | さしあげる 드리다 |
| 言う 말하다 | 申す, 申し上げる 말씀드리다 |
| 見る 보다 | 拝見する, 見せていただく |
| 飲む, 食べる 마시다, 먹다 | いただく |
| もらう 받다 | いただく, ちょうだいする |
| 知っている 알고 있다 | 存じている, 存じ上げている |
| 寝る 자다 | 休ませていただく |
| 買う 사다 | 買わせていただく |
| 着る, はく 입다 | 着させていただく |
| 見せる 보여주다 | お目にかける, ご覧に入れる |
| 聞く 듣다 | 伺う, 拝聴する, 承る |
| 尋ねる 묻다 | 伺う |
| 訪れる, 訪ねる 방문하다 | 伺う, お邪魔する, 上がる |
| 会う 만나다 | お目にかかる |
| 借りる 빌리다 | 拝借する |
| 考える・思う 생각하다 | 存じる |

私は昨日先生のお宅へ伺いました。(訪ねる)
나는 어제 선생님 댁을 방문했습니다.

この仕事は私どもがいたします。(する)
이 일은 저희가 하겠습니다.

鈴木先生からこの辞書をいただきました。(もらう)
스즈키 선생님으로부터 이 사전을 받았습니다.

## 2 동사의 겸양표현

(1) 「お(ご)+ます형/동작성명사+する」 ~해 드리다

渡す → お渡しする 건네 드리다
私がその書類をお渡しします。
제가 그 서류를 건네 드리겠습니다.

持つ → お持ちする 들어 드리다
その荷物、重そうですね。お持ちしましょうか。
그 짐 무거운 것 같네요. 들어 드릴까요?

願う → お願いする 부탁드리다
どうぞよろしくお願いします。 잘 부탁드립니다.

案内する → ご案内する 안내해 드리다
私がご案内します。 제가 안내해 드리겠습니다.

**WORD**
訪たずねる 방문하다
~ども ~들
書類しょるい 서류
渡わたす 건네다
荷物にもつ 짐
報告ほうこく 보고

\* 「お(ご)~する」가 사용되지 않는 동사에는 「笑わらう 웃다」, 「びっくりする 놀라다」, 「感動かんどうする 감동하다」 등의 감정동사와 「帰かえる 돌아가다」, 「座すわる 앉다」, 「買かう 사다」, 「聞きく 듣다」, 「勉強べんきょうする 공부하다」 등이 있다. 이들 동사는 주어의 범위가 자신(=동작의 상대가 없는 경우)에게 한정되기 때문에 사용할 수 없다.

(2) 「お(ご)+ます형/동작성명사+いたす/申しあげる」 ~해 드리다

「する」, 「言いう」의 겸양 표현인 「いたす/申もうしあげる」를 「する」 대신에 사용하면 좀 더 정중하고 격식 있는 겸양표현이 된다.

確認する → ご確認いたします。 확인하겠습니다.

報告する → ご報告いたします。 보고드리겠습니다.

質問する → ご質問申しあげます。 질문드리겠습니다.

願う → お願い申しあげます。 부탁드리겠습니다.

近<sup>ちか</sup>いうちにご報告<sup>ほうこく</sup>いたします。

빠른 시일 내에 보고드리겠습니다.

本年<sup>ほんねん</sup>もどうぞよろしくお願<sup>ねが</sup>い申<sup>もう</sup>しあげます。

올해도 아무쪼록 잘 부탁드리겠습니다.

(3) 「お(ご)+ます형/동작성명사+いただく」 ~해 주시다

「~ていただく」와 동일한 의미이지만 좀 더 정중한 겸양의 표현이다.

招<sup>まね</sup>く → お招<sup>まね</sup>きいただく 초대해 주시다

結婚式<sup>けっこんしき</sup>にお招<sup>まね</sup>きいただき、本当<sup>ほんとう</sup>に嬉<sup>うれ</sup>しいです。

결혼식에 초대해 주셔서 정말 기쁩니다.

連絡<sup>れんらく</sup>する → ご連絡<sup>れんらく</sup>いただく 연락해 주시다

お忙<sup>いそが</sup>しいなかご連絡<sup>れんらく</sup>いただき、ありがとうございます。

바쁘신데 연락주셔서 감사합니다.

(4) 「동사의 사역형+ていただく」

겸양의 표현에는 동사의 사역형(~하게 하다)에 「~ていただく ~해 받다」를 연결함으로써 「상대방에게 어떤 허락을 받아서 그 행위를 하겠다」는 의미를 가지는 이 표현도 상대방을 존중하고 자신을 낮추는 표현으로 많이 쓰이고 있다. 우리말로는 「~하겠다」 정도로 해석하면 좋다. 이 표현은 최근 격식있는 자리에서 많이 사용되는 추세이지만, 실제로는 상대방의 허락을 얻어서 무언가를 하는 것보다는 말로써만 격식을 차리는 표현이기 때문에 너무 자주 쓰지 않는 편이 좋다.

始<sup>はじ</sup>める → 始<sup>はじ</sup>めさせていただく 시작하겠다

それでは発表<sup>はっぴょう</sup>を始<sup>はじ</sup>めさせていただきます。

그럼 발표를 시작하겠습니다.

終<sup>お</sup>わる → 終<sup>お</sup>わらせていただく 끝내겠다

本日<sup>ほんじつ</sup>の発表<sup>はっぴょう</sup>はこれで終<sup>お</sup>わらせていただきます。

오늘의 발표는 이것으로 마치겠습니다.

~うちに ~동안, ~내에
本年<sup>ほんねん</sup> 올해
招<sup>まね</sup>く 초대하다
結婚式<sup>けっこんしき</sup> 결혼식
発表<sup>はっぴょう</sup> 발표

## 3 명사의 겸양어

(1) 접두어 「お」, 「ご」

ご挨拶(あいさつ) 인사, お願(ねが)い 부탁, ご相談(そうだん) 상담, ご報告(ほうこく) 보고, お礼(れい) 사례, ご訪問(ほうもん) 방문

(2) 기타 접두어, 접미어

❶ 자신 측의 소속이나 물건에 접두어 「粗(そ)」, 「弊(へい)」, 「拙(せつ)」, 「小(しょう)」 등을 붙인다.

品(しな) → 粗品(そしな) (선물에 대한 겸양표현 → 변변치 못한 물건)

茶(ちゃ) → 粗茶(そちゃ) (남에게 주는 차에 대한 겸양표현 → 변변치 못한 차)

会社(かいしゃ) → 弊社(へいしゃ)・小社(しょうしゃ) (자신의 회사에 대한 겸양표현)

うち → 拙宅(せったく) (자신의 집에 대한 겸양표현)

粗品(そしな)ですがどうぞお納(おさ)めください。
변변치 않은 물건이지만 부디 받아 주세요.

ぜひ、拙宅(せったく)にもお越(こ)しください。
부디 저의 집에도 와 주세요.

❷ 접미어 「ども」, 「者(もの)」 등을 붙여 겸양의 표현을 나타낼 수 있다.

私(わたくし)どもの責任(せきにん)です。 저희들의 책임입니다.

昨日(きのう)、電話(でんわ)した者(もの)ですが。 어제 전화한 사람입니다만.

(3) 명사 자체에 겸양의 의미가 이미 포함되어 있는 경우

私(わたくし) 저, 父(ちち) 아버지, 母(はは) 어머니, 息子(むすこ) 아들, 娘(むすめ) 딸 등

**WORD**

挨拶(あいさつ) 인사
相談(そうだん) 상담
お礼(れい) 인사
訪問(ほうもん) 방문
品(しな) 상품, 물건
納(おさ)める
　거두다, 받아들이다
ぜひ 꼭, 부디

# ③ 정중어

존경표현이나 겸양표현처럼 상대방을 높이거나 자신을 낮추는 말이 아니라 자신의 말을 상대방에게 정중하게 전달할 때 사용하는 표현이다. 우리가 흔히 알고 있는 「~です」, 「~ます」, 「~ございます」, 미화어로서의 「お(ご)~」가 이에 해당한다.

(1) 「~です」「~ます」

これは本です。 이것은 책입니다.
私は毎日学校へ行きます。 나는 매일 학교에 갑니다.

(2) 동사 자체에 정중한 의미가 포함되어 있는 경우

화자의 행위뿐만이 아니라 사물(전철, 비행기) 등의 움직임이나 불특정 다수의 행위에 대해서도 사용할 수 있다.

あります/います → ございます 있습니다
あちらに申込書がございます。 저쪽에 신청서가 있습니다.
私には兄弟がございません。 저에게는 형제가 없습니다.

~です → ~でございます 입니다
こちらが会場でございます。 이쪽이 회장입니다.

います → おります 있습니다
お待ちしております。 기다리고 있겠습니다.

来ます／行きます → まいります 옵니다/갑니다
電車がまいります。 전철이 들어옵니다.

＊ 「~でございます」는 「사물+でございます」, 「화자자신+でございます」에는 사용할 수 있지만 상대방에게는 사용하지 않는다. 상대방에게는 「~でいらっしゃる」를 사용한다.

山田先生でいらっしゃいますか。 야마다 선생님이십니까?
はい、山田でございます。 네, 야마다입니다.

(3) 미화어(美化語)

정중어의 일종으로 미화어(美化語びかご)가 있다. 이는 상대방을 높이거나 자신을 낮추기 위해서가 아니라 화자의 품위를 나타내기 위하여 말을 예쁘게 꾸며 사용하는 말이다. 주로 여성들이 많이 사용한다. 접두어 「お」, 「ご」를 붙여 표현한다.

お菓子かし 과자, お汁しる 국, お風呂ふろ 목욕, 욕실, お米こめ 쌀, お金かね 돈, お水みず 물, お手洗てあらい 화장실, お花はな 꽃, ご飯はん 밥, お酒さけ 술 등

申込書もうしこみしょ 신청서
兄弟きょうだい 형제
会場かいじょう 모임장소, 식장
おる 있다

## (4) 시간, 부사/형용사, 인칭대명사의 정중표현

### ❶ 일시, 시간에 관한 정중 표현

| | | | |
|---|---|---|---|
| 今日(きょう) 오늘 | 本日(ほんじつ) | この間(あいだ) 일전에 | 先日(せんじつ) |
| 昨日(きのう) 어제 | 昨日(さくじつ) | これから 앞으로 | 今後(こんご) |
| 明日(あした) 내일 | 明日(みょうにち) | さっき 아까 | 先(さき)ほど |
| 今(いま) 지금 | 只今(ただいま) | あとで 나중에 | 後(のち)ほど |

後(のち)ほど伺(うかが)います。 잠시 후에 찾아뵙겠습니다.
先日(せんじつ)はありがとうございました。 요전에는 감사했습니다.

### ❷ 부사, 형용사의 정중표현

| | | | |
|---|---|---|---|
| すごく、とても 매우 | 非常(ひじょう)に | 早(はや)く 빨리 | お早(はや)めに |
| ちょっと、すこし 잠시, 좀 | 少々(しょうしょう) | いい 좋다 | よろしい |
| すぐ 곧 | 早速(さっそく) | どう 어떻게 | いかが |
| ゆっくり 천천히 | ごゆっくり | 冷(つめ)たい水(みず) 찬물 | お冷(ひや) |

できるだけお早(はや)めに召(め)し上(あ)がってください。
가능한 빨리 드세요.
いかがお過(す)ごしでしょうか。 어떻게 지내시는지요?

### ❸ 인칭대명사의 정중표현

| | |
|---|---|
| 私(わたし) 나, 저 | 私(わたくし) |
| 私(わたし)たち 우리, 저희 | 私(わたくし)ども |
| あなた 당신 | あなたさま, おたくさま |
| この人(ひと) 이 사람 | この方(かた), こちらの方(かた) |
| 先生(せんせい)たち 선생님들 | 先生方(せんせいがた) |

私(わたくし)どもがいたします。 저희가 하겠습니다.
この学校(がっこう)は雰囲気(ふんいき)もいいし、先生方(せんせいがた)も素敵(すてき)です。
이 학교는 분위기도 좋고 선생님들도 훌륭합니다.

---

**WORD**

伺(うかが)う
　찾아뵙다, 살피다
できるだけ 가능한 한
雰囲気(ふんいき) 분위기
素敵(すてき)だ 멋지다

## UNIT 14 연습문제

**1.** 다음 ( ) 안에 들어갈 알맞은 말을 고르시오.

① お昼ご飯は何に ( ) ますか。
　① お食べし　　② いたし　　③ なさい　　④ いただき

② まもなく電車が ( )。危ないですから、黄色い線の内側にお下がりください。
　① まいります　② おります　③ 伺います　④ ございます

③ (私は)田中先生の美術作品を ( )、すごく感動しました。
　① お見になり　② 拝見し　　③ 拝借し　　④ ご覧になり

④ 先生、いつ ( ) のですか。
　① お出発する　② ご出発する　③ お出発になる　④ ご出発になる

**2.** 다음 대화문의 문맥에 맞게 적절한 표현을 하나 고르시오.

① A : 昨日ソウルへ行きました。
　B : そうですか。ソウルに＿＿＿＿＿＿＿＿＿＿＿＿＿＿＿。

　① まいったんですか　　　　② 行かれたんですね
　③ あがったんですか　　　　④ うかがったんですか

② A : 結婚式では田中さんにも会ったんです。
　B : そうですか。田中さんに＿＿＿＿＿＿＿＿＿＿＿＿＿＿＿。

　① お会いしたんですか　　　② お会いになったんですか
　③ お会われたんですか　　　④ お会いされたんですか

# UNIT 14 연습문제

**3** A : 結局、最後にうちに帰ったんです。
　　B : 何時ごろ＿＿＿＿＿＿＿＿＿＿＿＿＿＿＿＿＿。

　　① 帰されたんですか　　　　　② お帰りしたんですか
　　③ 帰られたんですか　　　　　④ 帰させたんですか

## 3. 다음 밑줄 친 부분을 문맥에 맞게 정중형이나 존경어의 형태로 바꾸시오.

**1** (社長に) すぐに社長室に報告書を持って<u>行きます</u>。

　→ ＿＿＿＿＿＿＿＿＿＿。

**2** 明日なら、私の方は特に予定は<u>ありません</u>。

　→ ＿＿＿＿＿＿＿＿＿＿。

**3** こちらで少々<u>待ってくれ</u>。

　→ ＿＿＿＿＿＿＿＿＿＿。

## 4. 다음 밑줄 친 부분을 존경표현의 가능형으로 바꾸시오.

**1** サインのないカードは<u>利用できません</u>。

　→ (　　　　　　　　　)

**2** 工事中のため、資料室で雑誌は<u>読めません</u>。

　→ (　　　　　　　　　)

**3** この機械では、2000円札は<u>使えません</u>。

　→ (　　　　　　　　　)

**4** (駅で) この電車には、<u>乗車できません</u>。

　→ (　　　　　　　　　)

**5.** 다음의 한국어 문장과 같은 의미가 되도록 주어진 동사를 이용하여 문장을 완성하시오.

1 先生、そのかばん私が＿＿＿＿＿＿＿＿。(持つ)

선생님 그 가방 제가 들어 드리겠습니다.

2 私が駅まで＿＿＿＿＿＿＿＿。(送る)

제가 역까지 모셔다 드리겠습니다.

3 先生は何時ごろ＿＿＿＿＿＿＿＿。(来る)

선생님은 몇 시쯤에 오십니까?

4 社長、昨日はゆっくり＿＿＿＿＿＿＿＿。(寝る)

사장님 어제는 푹 주무셨습니까?

---

**WORD**

まもなく 곧, 이윽고 | 線せん 선 | 内側うちがわ 안쪽 | 美術作品びじゅつさくひん 미술작품 | 感動かんどうする 감동하다
結局けっきょく 결국 | 最後さいごに 마지막으로 | 〜の方ほう ~쪽 | 工事中こうじちゅう 공사중 | 資料室しりょうしつ 자료실
機械きかい 기계 | 乗車じょうしゃ 승차

おつかれさまでした!

# 부록

- 수사와 조수사
- 연습 문제 정답

# 1 수사

수사는 숫자와 개수를 나타내는 표현이다.
「いち(일), に(이), さん(삼)…」과 같은 수를 나타내는 한자어 표현과 「ひとつ(하나), ふたつ(둘), みっつ(셋), …」와 같은 개수를 나타내는 고유어 표현이 있다. 한자어와 고유어는 1~10까지는 세는 방법이 다르지만 11부터는 동일하다.

|  | 수 | 개수 |  | 수·개수 |  | 수·개수 |  | 수·개수 |
|---|---|---|---|---|---|---|---|---|
| 1 | いち<br>일 | ひとつ<br>하나 | 10 | じゅう | 100 | ひゃく | 1000 | せん |
| 2 | に<br>이 | ふたつ<br>둘 | 20 | にじゅう | 200 | にひゃく | 2000 | にせん |
| 3 | さん<br>삼 | みっつ<br>셋 | 30 | さんじゅう | 300 | さんびゃく | 3000 | さんぜん |
| 4 | し・よん<br>사 | よっつ<br>넷 | 40 | よんじゅう | 400 | よんひゃく | 4000 | よんせん |
| 5 | ご<br>오 | いつつ<br>다섯 | 50 | ごじゅう | 500 | ごひゃく | 5000 | ごせん |
| 6 | ろく<br>육 | むっつ<br>여섯 | 60 | ろくじゅう | 600 | ろっぴゃく | 6000 | ろくせん |
| 7 | しち・なな<br>칠 | ななつ<br>일곱 | 70 | ななじゅう | 700 | ななひゃく | 7000 | ななせん |
| 8 | はち<br>팔 | やっつ<br>여덟 | 80 | はちじゅう | 800 | はっぴゃく | 8000 | はっせん |
| 9 | きゅう・く<br>구 | ここのつ<br>아홉 | 90 | きゅうじゅう | 900 | きゅうひゃく | 9000 | きゅうせん |
| 10 | じゅう<br>십 | とお<br>열 | 100 | ひゃく | 1000 | せん | 10000 | いちまん |
| 몇 | なん | いくつ |  |  |  |  |  |  |

### ● 읽는 법이 두 가지 이상인 숫자

| よん | 40 よんじゅう | 400 よんひゃく |
| よ | 4時 よじ | 4年生 よねんせい |
| し | 4月 しがつ | |
| なな | 70 ななじゅう | 700 ななひゃく |
| しち | 7時 しちじ | 7月 しちがつ |
| きゅう | 90 きゅうじゅう | |
| く | 9時 くじ | 9月 くがつ |

\* 전화번호를 말할 때 4, 7, 9는 よん, なな, きゅう로 읽는다.

\* 한국어에서는 10000을 「만」으로 발음하지만 일본어에서는 「일만(いちまん)」으로 발음한다.

# 2 조수사

조수사는 장, 권, 병, 자루, 층, 명처럼 수사 뒤에 붙어서 단위를 나타낸다.

| | 枚(まい, 장)<br>얇고 평평한 것<br>종이, 그릇, 우표 등 | 冊(さつ, 권)<br>책 | 本(ほん, 병·자루)<br>가늘고 긴 것<br>우산, 연필, 병 등 | 階(かい, 층) | 人(にん, 명)<br>사람 수 |
|---|---|---|---|---|---|
| 何 몇 | なんまい | なんさつ | なんぼん | なんがい | なんにん |
| 1 | いちまい | いっさつ | いっぽん | いっかい | ひとり |
| 2 | にまい | にさつ | にほん | にかい | ふたり |
| 3 | さんまい | さんさつ | さんぼん | さんがい | さんにん |
| 4 | よんまい | よんさつ | よんほん | よんかい | よにん |
| 5 | ごまい | ごさつ | ごほん | ごかい | ごにん |
| 6 | ろくまい | ろくさつ | ろっぽん | ろっかい | ろくにん |
| 7 | ななまい | ななさつ | ななほん | ななかい | しち/ななにん |
| 8 | はちまい | はっさつ | はっぽん | はっかい | はちにん |
| 9 | きゅうまい | きゅうさつ | きゅうほん | きゅうかい | きゅうにん |
| 10 | じゅうまい | じゅっさつ | じゅっぽん | じゅっかい | じゅうにん |
| 11 | じゅういちまい | じゅういっさつ | じゅういっぽん | じゅういっかい | じゅういちにん |
| 12 | じゅうにまい | じゅうにさつ | じゅうにほん | じゅうにかい | じゅうににん |

● **조수사 읽기 주의사항**

일본어는 경우에 따라 숫자와 조수사의 발음이 바뀌므로 주의해야 한다.

❶ 조수사의 첫 음절이 [h(は, ひ, ふ, へ, ほ)]로 발음 되는 경우
숫자 1, 6, 8, 10에 연결될 경우 [h]가 [p]로 바뀌며 숫자의 마지막 음절이 촉음(っ)으로 바뀐다.
いちほん ➡ いっぽん(一本), ろくひき ➡ ろっぴき(六匹),
じゅうはい ➡ じゅっぱい(十杯)

❷ 조수사의 첫 음절이 [s(さ, し, す, せ, そ)]인 경우
숫자 1, 8, 10에 연결될 경우 숫자의 마지막 음절이 촉음(っ)으로 바뀐다.
いちさつ ➡ いっさつ(一冊), はちさい ➡ はっさい(八歳),
じゅうそく ➡ じゅっそく(十足)

❸ 조수사의 첫 음절이 [k(か, き, く, け, こ)]인 경우
숫자 1, 6, 8, 10에 연결될 경우 숫자의 마지막 음절이 촉음(っ)으로 바뀐다.
いちかい ➜ いっかい(一回), ろくかい ➜ ろっかい(六階),
じゅうこ ➜ じゅっこ(十個)

# 3 시간·날짜·요일을 나타내는 표현

## (1) 시간

| 1時 | 2時 | 3時 | 4時 | 5時 | 6時 |
|---|---|---|---|---|---|
| いちじ | にじ | さんじ | よじ | ごじ | ろくじ |
| 7時 | 8時 | 9時 | 10時 | 11時 | 12時 |
| しちじ | はちじ | くじ | じゅうじ | じゅういちじ | じゅうにじ |

## (2) 분

| 1分 | 2分 | 3分 | 4分 | 5分 | 6分 |
|---|---|---|---|---|---|
| いっぷん | にふん | さんぷん | よんふん | ごふん | ろっぷん |
| 7分 | 8分 | 9分 | 10分 | 11分 | 12分 |
| ななふん | はっぷん | きゅうふん | じゅっぷん | じゅういっぷん | じゅうにふん |

## (3) 월

| 1月 | 2月 | 3月 | 4月 | 5月 | 6月 |
|---|---|---|---|---|---|
| いちがつ | にがつ | さんがつ | しがつ | ごがつ | ろくがつ |
| 7月 | 8月 | 9月 | 10月 | 11月 | 12月 |
| しちがつ | はちがつ | くがつ | じゅうがつ | じゅういちがつ | じゅうにがつ |

## (4) 일

| 1日 | 2日 | 3日 | 4日 | 5日 | 6日 | 7日 |
|---|---|---|---|---|---|---|
| ついたち | ふつか | みっか | よっか | いつか | むいか | なのか |
| 8日 | 9日 | 10日 | 11日 | 12日 | 13日 | 14日 |
| ようか | ここのか | とおか | じゅういちにち | じゅうににち | じゅうさんにち | じゅうよっか |
| 15日 | 16日 | 17日 | 18日 | 19日 | 20日 | 21日 |
| じゅうごにち | じゅうろくにち | じゅうしちにち | じゅうはちにち | じゅうくにち | はつか | にじゅういちにち |
| 22日 | 23日 | 24日 | 25日 | 26日 | 27日 | 28日 |
| にじゅうににち | にじゅうさんにち | にじゅうよっか | にじゅうごにち | にじゅうろくにち | にじゅうしちにち | にじゅうはちにち |
| 29日 | 30日 | 31日 | | | | |
| にじゅうくにち | さんじゅうにち | さんじゅういちにち | | | | |

## (5) 요일

| 月曜日 월요일 | 火曜日 화요일 | 水曜日 수요일 | 木曜日 목요일 |
|---|---|---|---|
| げつようび | かようび | すいようび | もくようび |
| 金曜日 금요일 | 土曜日 토요일 | 日曜日 일요일 | 何曜日 무슨 요일 |
| きんようび | どようび | にちようび | なんようび |

## (6) 그 밖의 날짜와 관련된 표현

| 一昨日 그저께 | 昨日 어제 | 今日 오늘 | 明日 내일 | 明後日 모레 |
|---|---|---|---|---|
| おととい | きのう | きょう | あした | あさって |

| 去年 작년 | 今年 올해 | 来年 내년 |
|---|---|---|
| きょねん | ことし | らいねん |

| 先週 지난주 | 今週 이번 주 | 来週 다음 주 |
|---|---|---|
| せんしゅう | こんしゅう | らいしゅう |

| 先月 지난달 | 今月 이번 달 | 来月 다음 달 |
|---|---|---|
| せんげつ | こんげつ | らいげつ |

# 연습문제 정답

### UNIT 01   18쪽

1. (1) ② (2) ③ (3) ②
2. (1) ④ (2) ③
3. (1) ですか
   (2) では（じゃ）ありません
      또는 では（じゃ）ないです
   (3) では（じゃ）ありませんでした 또는
      では（じゃ）なかったです
4. (1) だった   (2) 医者の山田さん
   (3) 私のです

### UNIT 02   29쪽

1. (1) ④ (2) ③ (3) ③ (4) ② (5) ④
2. (1) まじめで
   (2) 好きでは（じゃ）ありません/好きでは
      （じゃ）ないです。
   (3) よかったです
   (4) 上手では（じゃ）ありませんでした/
      上手では（じゃ）なかったです
3. (1) 早く
   (2) 暑くなりましたね
   (3) 好きでは（じゃ）ない
   (4) きれいになりました

### UNIT 03   43쪽

1. (1) ④ (2) ③ (3) ③ (4) ② (5) ③
2. (1) 要り (2) 遅れ (3) 行か (4) くる
3. (1) 食べ (2) 起きろ (3) 話せます
   (4) 吸わないで (5) しよう

### UNIT 04   56쪽

1. (1) ② (2) ③ (3) ③ (4) ③ (5) ②
2. (1) 電話し   (2) 置き
   (3) 休んだ   (4) 話し
3. (1) 見たり, 遊んだり   (2) 来た
   (3) あって   (4) 吸っては   (5) 引いて

### UNIT 05   64쪽

1. (1) ③ (2) ④ (3) ② (4) ③
2. (1) を (2) を (3) が (4) が
3. (1) 始まる   (2) 沸かす
   (3) 起きる   (4) 集める   (5) 育つ

### UNIT 06   75쪽

1. (1) ③ (2) ④ (3) ③ (4) ②
   (5) ① (6) ② (7) ③ (8) ③
2. (1) に (2) ながら (3) で (4) の
3. (1) × (2) ○ (3) ○ (4) ×
4. (1) が (2) から/ので (3) まえに
   (4) が (5) に

### UNIT 07   84쪽

1. (1) ① (2) ① (3) ② (4) ①
   (5) ① (6) ②
2. (1) ② (2) ④ (3) ③ (4) ①
   (5) ① (6) ④
3. (1) ① (2) ② (3) ② (4) ①
4. (1) 壊してある     (2) 折れている
   (3) 止まっている   (4) 建ててある
   (5) 開いている

### UNIT 08
93쪽

1. (1) ③　(2) ②　(3) ③　(4) ③　(5) ②
2. (1) 泣かれて　(2) 言われて
   (3) 知られて　(4) 呼ばれて
3. (1) 死なれて　(2) 建てられて　(3) 降られて

### UNIT 09
102쪽

1. (1) ②　(2) ④　(3) ③　(4) ③　(5) ④
2. (1) 使わせ　　(2) させられ
   (3) 帰らせ　　(4) 食べさせられ
3. (1) 通わせられた
   (2) 終わらせて　(3) 参加させて

### UNIT 10
110쪽

1. (1) ③　(2) ②　(3) ④　(4) ②　(5) ③
2. (1) あげた　　　　(2) もらっ
   (3) くださいました　(4) くれました
   (5) あげ　　　　　(6) くれました
3. (1) くださいました　(2) いただきました
   (3) あげました　　(4) くれました
   (5) あげました　　(6) もらいました

### UNIT 11
119쪽

1. (1) ④　(2) ②　(3) ④　(4) ②
   (5) ①　(6) ②　(7) ③　(8) ④
2. (1) も　(2) しか　(3) は　(4) ばかり
3. (1) ○　(2) ○　(3) ×　(4) ×
4. (1) な　(2) ね　(3) ばかり
   (4) しか　(5) ぞ

### UNIT 12
130쪽

1. (1) ①　(2) ④　(3) ②　(4) ④
2. (1) 会うと，会えば，会ったら，会うなら
   (2) 食べると，食べれば，食べたら，食べるなら
   (3) すると，すれば，したら，するなら
   (4) かっこいいと，かっこよければ，かっこよかったら，かっこいいなら
   (5) 大変だと，大変なら(ば)，大変だったら，大変なら
   (6) 学生だと，学生なら(ば)，学生だったら，学生なら
3. (1) 19歳になれば運転免許がとれる。
   (2) この道をまっすぐ行くとコンビニがあります。
   (3) 東京に行くなら鈴木さんに連絡してください。
   (4) 読み終わったら、本を貸してください。
4. (1) なるなら → なると，なれば
   (2) 行くと → 行ったら
   (3) 知っていると →知っていれば，知っていたら
   (4) 母であれば → 母なら

### UNIT 13
149쪽

1. (1) ④　(2) ③　(3) ①　(4) ②　(5) ④
2. (1) ようです　(2) そうです
   (3) らしいです　(4) そうです
3. (1) 吸ってはいけません
   (2) 便利ではなさそうです
   (3) 寝たほうがいいです
   (4) 急いでください

## UNIT 14
163쪽

**1.** (1) ③　(2) ①　(3) ②　(4) ④

**2.** (1) ②　(2) ②　(3) ③

**3.** (1) まいります　(2) ございません
(3) お待ちください

**4.** (1) ご利用になれません
(2) お読みになれません
(3) お使いになれません
(4) ご乗車になれません

**5.** (1) お持ち（いた）します
(2) お送り（いた）します
(3) いらっしゃいますか
(4) お休みになりましたか

# 외국어 출판 40년의 신뢰
# 외국어 전문 출판 그룹
# 동양북스가 만드는 책은 다릅니다.

40년의 쉼 없는 노력과 도전으로 책 만들기에 최선을 다해온 동양북스는
오늘도 미래의 가치에 투자하고 있습니다.
대한민국의 내일을 생각하는 도전 정신과 믿음으로 최선을 다하겠습니다.

## 동양북스 추천 교재

### 일본어 교재의 최강자, 동양북스 추천 교재

**회화 코스북**

일본어뱅크 다이스키
STEP 1·2·3·4·5·6·7·8

일본어뱅크
좋아요 일본어 1·2·3·4·5·6

일본어뱅크 도모다찌
STEP 1·2·3

**분야서**

일본어뱅크
좋아요 일본어 독해 STEP 1·2

일본어뱅크
일본어 작문 초급

일본어뱅크
사진과 함께하는
일본 문화

일본어뱅크
항공 서비스 일본어

가장 쉬운 독학
일본어 현지회화

**수험서**

일취월장 JPT
독해·청해

일취월장 JPT
실전 모의고사 500·700

일단 합격하고 오겠습니다
JLPT 일본어능력시험
N1·N2·N3·N4·N5

일단 합격하고 오겠습니다
JLPT 일본어능력시험
실전모의고사 N1·N2·N3·N4/5

**단어·한자**

특허받은
일본어 한자 암기박사

일본어 상용한자 2136
이거 하나면 끝!

일본어뱅크
좋아요 일본어 한자

가장 쉬운 독학
일본어 단어장

일단 합격하고 오겠습니다
JLPT 일본어능력시험
단어장 N1·N2·N3

## 중국어 교재의 최강자, 동양북스 추천 교재

중국어뱅크 북경대학 신한어구어
1·2·3·4·5·6

중국어뱅크 스마트중국어
STEP 1·2·3·4

중국어뱅크 집중중국어
STEP 1·2·3·4

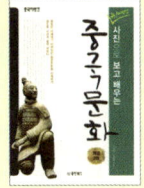
중국어뱅크
뉴! 버전업 사진으로
보고 배우는 중국문화

중국어뱅크
문화중국어 1·2

중국어뱅크
관광 중국어 1·2

중국어뱅크
여행실무 중국어

중국어뱅크
호텔 중국어

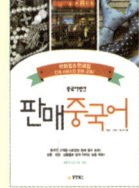
중국어뱅크
판매 중국어

중국어뱅크
항공 실무 중국어

정반합 新HSK
1급·2급·3급·4급·5급·6급

일단 합격 新HSK 한 권이면 끝
3급·4급·5급·6급

버전업! 新HSK
VOCA 5급·6급

가장 쉬운 독학 중국어 단어장

중국어뱅크
중국어 간체자 1000

특허받은
중국어 한자 암기박사

# 동양북스 추천 교재

**기타외국어 교재의 최강자, 동양북스 추천 교재**

## 중고급 학습

- 첫걸음 끝내고 보는 프랑스어 중고급의 모든 것
- 첫걸음 끝내고 보는 스페인어 중고급의 모든 것
- 첫걸음 끝내고 보는 독일어 중고급의 모든 것
- 첫걸음 끝내고 보는 태국어 중고급의 모든 것
- 첫걸음 끝내고 보는 베트남어 중고급의 모든 것

## 단어장

  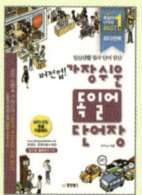 

- 버전업! 가장 쉬운 프랑스어 단어장
- 버전업! 가장 쉬운 스페인어 단어장
- 버전업! 가장 쉬운 독일어 단어장
- 가장 쉬운 독학 베트남어 단어장

## 여행 회화

- NEW 후다닥 여행 중국어
- NEW 후다닥 여행 일본어
- NEW 후다닥 여행 영어
- NEW 후다닥 여행 독일어
- NEW 후다닥 여행 프랑스어
- NEW 후다닥 여행 스페인어
- NEW 후다닥 여행 베트남어
- NEW 후다닥 여행 태국어

## 수험서·교재

- 한 권으로 끝내는 DELE 어휘·쓰기·관용구편 (B2~C1)
- 수능 기초 베트남어 한 권이면 끝!
- 버전업! 스마트 프랑스어
- 일단 합격하고 오겠습니다 독일어능력시험 A1·A2·B1·B2